跟任何人都聊得来

张琪 ⊙著

别让不会聊天害了你
不会聊天，你就输定了

图书在版编目（CIP）数据

跟任何人都聊得来 / 张琪著. —北京：当代世界出版社，2017.7
ISBN 978-7-5090-1247-5

Ⅰ.①跟… Ⅱ.①张… Ⅲ.①口才学－通俗读物 Ⅳ.①H019-49

中国版本图书馆CIP数据核字（2017）第173097号

跟任何人都聊得来

作　　　者：	张琪
出版发行：	当代世界出版社
地　　　址：	北京市复兴路4号（100860）
网　　　址：	http：//www.worldpress.org.cn
编务电话：	（010）83907332
发行电话：	（010）83908409
	（010）83908377
	（010）83908423（邮购）
	（010）83908410（传真）
经　　　销：	全国新华书店
印　　　刷：	廊坊市三友印务装订有限公司
开　　　本：	787毫米×1092毫米　1/32
印　　　张：	9
字　　　数：	160千字
版　　　次：	2017年10月第1版
印　　　次：	2017年10月第1次
书　　　号：	ISBN 978-7-5090-1247-5
定　　　价：	36.00元

如发现印装质量问题，请与承印厂联系调换。
版权所有，翻印必究，未经许可，不得转载！

前言 | Preface

说话技巧好一点，你的世界宽一点

美国人早在20世纪40年代就把"口才、金钱、原子弹"看成是在世界上生存和发展的三大法宝，60年代以后，又把"口才、金钱、电脑"看成是最有力量的三大法宝，而"口才"一直高居三大法宝之首，足见其受重视的程度。

在这个世界上，你的说话技巧好一点，就能让你的世界宽一点。

老板选择谈判代表，一定是选口才好的那一个；情场上，会说话、能逗人开心的人总是比较受欢迎；职场上，善于说话的人，总会比较吃香；会愉快聊天的人，也总能交到朋友并得到他们的帮助……

相反，一个人如果沉默寡言，不善言谈，往往就会被冷落，很难与人交往。常有人说："我这个人，笨嘴笨舌，不会说话。"其实这是人生很大的缺憾。

现代社会需要机敏灵活、巧言妙语的口才高手。羞怯拘谨、笨嘴笨舌的人，总会处在交际困难的尴尬中。有些人很有知识，可就是因为缺乏"嘴上的功夫"，而不受人们欢迎。有些人工作做得也很出色，可一讲话就语无伦次，拘谨慌张，失去了很多晋升的机会。

我们时常听到有人批评某些人"少根筋"，指的就是不看情况瞎说。比如在寿宴上对着寿公寿婆大谈人寿保险的好处；对着孕妇说，这年头养孩子没什么好处，翅膀长硬了就飞了；对新郎新娘说今天喜宴的菜好吃极了，下回别忘了再请我，我一定捧场；别人就要出远门旅行了，却对他大谈今年发生了多少起飞机失事的意外事件。

也许有时你只是说话说得正高兴，没注意到和你谈话的人的情况，并非是故意的，却也在不知不觉中伤了人；也有可能真的是少了根筋，只顾自己痛快，忽视了他人感受。说话是一种技巧，不懂技巧、不会说话的人，必然处处碰壁，严重的还会给自己带来麻烦。

俗话说，一言能兴邦，一言能丧国；一人之辩重于九鼎之宝，三寸之舌强于百万之师。而对个人来说，一言不慎，可以让人错失机会，甚至身败名裂。反之，若出言机敏、言语幽默、应对自如，则能化解困境，事事通达。

口才在我们日常生活中无处不在，而且举足轻重。在竞争激烈的社会中，自我推销以及获得肯定必须依靠适切的口才和良好的沟通能力。

口才是一种艺术。拥有好口才的人字字珠玑，口若悬河，幽默自信，言语间展现出令人折服的个人魅力，让听者如沐春风、心悦诚服。

口才不是天生的，靠后期训练完全可以成为口才高手。因此，不要说自己天生笨，不会说话。丢掉自卑，树立自信，勤于学习，人人都可以拥有好口才。

本书选取了生活和工作中常见的口才实例，详细地介绍了一些常见的说话方法与技巧，让你发现口才的奥妙，不管在什么情境下，都能成为口才高手，跟任何人都聊得来。

编者

2017年4月于北京

目录 | Contents

第一章
一开口，就把话说到对方心里去 //001

会说话，并不是逞口舌之利，而是要尽量使用方法与策略，使自己的语言能够给对方带来心灵上的震撼，这样就能打动对方，获得认同，从而达到说话的目的。

01 | 良好的第一印象　//002
02 | 打破初次见面的沉默　//006
03 | 说好第一句话　//010
04 | 自我介绍的技巧　//013
05 | 融洽的交谈气氛　//016

第二章
打完招呼，跟任何人都能聊个不停 //019

很多人和别人打完招呼后，就没有话可讲了。其实只要掌握说话的技巧，就能谈笑风生，仿佛有说不完的话题，跟任何人都可以聊个不停。

01 | 和陌生人谈话的技巧　// 020
02 | 提问的方法　// 024
03 | 不得罪人的巧妙表达　// 027
04 | 如何更换话题　// 030
05 | 巧妙插入别人的谈话　// 033
06 | 切忌自我吹捧　// 036

1

第三章
巧妙破冰，避免冷场的聊天术 //039

说着说着就冷场，只剩下大眼瞪小眼，好尴尬啊！会说话的人，总能巧妙破冰，从不会出现冷场的尴尬。

01 | 就地取材打开话匣子 //040
02 | 消除沟通障碍 //043
03 | 不可浇灭他人谈话的热情 //046
04 | 如何对付羞辱 //048
05 | 八面玲珑的交际语言 //051
06 | 学会与不同类型的人打交道 //053
07 | 机言巧语，随机应变 //060

第四章
巧妙拒绝，别让不好意思害了你 //063

不懂得拒绝的人，就等于自己的人生被别人捆绑；不会拒绝技巧的人，就等于化友为敌。跟随自己的内心，拒绝做个老好人。学会拒绝，既不失去人缘，又能活出真我。

01 | 学会含蓄委婉地拒绝 //064
02 | 巧妙拒绝的艺术 //068
03 | 美妙动听的逐客令 //075
04 | 婉拒邀请 //079
05 | 用错答拒绝陌生人 //083

第五章
善用批评和赞美，更受人欢迎 //085

批评不见得就会得罪人，赞美也不见得一定受人欢迎。只有掌握其中的技巧，才能做到批评别人，别人心甘情愿去接受；赞美别人，正好是对方最爱听的话。

01 | 批评的方法 //086
02 | 责骂之后，巧妙处理 //088

03 | 指桑骂槐，强权之下巧说话 //090
04 | 善意地批评 //093
05 | 赞美的艺术 //096
06 | "拍马屁"也有诀窍 //099

第六章
把话说到点子上，让对方把你当知己 //103

打动人心的几句话，胜过唾沫横飞半小时。重点在于能不能把话说到点子上，让别人觉得你是自己人。说得到位，无论和谁聊天都能畅谈无阻。

01 | 第一次就聊出好印象 //104
02 | 赢得好感的说话技巧 //108
03 | 用情感同理赢得他人认同 //111
04 | 语出奇兵，攻心为上 //115
05 | 投其所好，出奇制胜 //118
06 | 话出至诚，而入肺腑 //123
07 | 不要说易得罪人的言辞 //129

第七章
说服也能皆大欢喜，不伤和气 //133

说服不是压服，说服是靠对方的内心认同，压服则是强迫对方行为认同，就是所谓的口服心不服。会说话的人，总是能说服对方，不但内心认同，在行为上也会得到热情的响应。

01 | 说服别人的原则与方法 //134
02 | 了解对方是说服的第一步 //139
03 | 热情才是说服的关键 //147
04 | 以柔克刚巧说服 //150
05 | 向对方请教 //153
06 | 迂回的说服法 //155

第八章

会聊天，就要懂点幽默 //157

幽默是化解争执的最佳润滑剂，幽默是聊天的最佳笑点。幽默的话，总是让人爱听；幽默的人，也必然大受欢迎。

01 | 让幽默为你说话 //158
02 | 善用幽默制造快乐 //162
03 | 灵活运用机智和幽默 //167
04 | 开玩笑别没有分寸 //172

第九章

会求人，巧道歉，别人更愿意接受 //175

人在社会中，总会遇到有求于人的时候，也总会遇到向别人道歉的时候。能做到求人别人能答应，道歉别人能原谅，这才是聊天高手的过人之处。

01 | 能说会道好办事 //176
02 | 酒言酒语办成事 //182
03 | 托人办事的技巧 //185
04 | 借东西的技巧 //190
05 | 道歉贵在诚恳 //193

第十章

职场好口才，才能左右逢源 //195

职场如战场，口才是武器；职场又是情谊场，口才是鲜花。会说话的人，在职场总是能纵横驰骋，友谊处处开花，人生左右逢源。

01 | 与上司应对之术 //196
02 | 怎样拒绝上司的要求 //200
03 | 用温和的讨论代替争吵 //203
04 | 巧言应对下属的借口 //207
05 | 向下属下达命令的语言技巧 //209
06 | 得体地拒绝员工的要求 //212

07 | 选择恰当的离职原因　//215

第十一章
把握谈判策略，瞬间掌握话语权 //219

人生无处不谈判，不管你喜不喜欢，谈判是免不了的事。只有会说话，才能把握时间、赢得主动，做到进退自如、攻守得当，才能谈出利多人和的双赢结果。

01 | 和蔼可亲的谈判韬略　//220
02 | 出奇制胜，斗智斗谋　//224
03 | 仔细观察，话语随机　//228
04 | 巧设陷阱，笑着胜利　//232
05 | 先放再收，欲擒故纵　//234

第十二章
能说会道，恋爱甜蜜家幸福 //237

恋爱是人生最美的事情，家庭则是人生的避风港。会聊天的人，在恋爱和婚姻中都能让人如沐春风，即使有争执，也能轻松化解于无痕。

01 | 拉开与心仪对象交谈的话幕　//238
02 | 恋爱中避免说的话　//244
03 | 第一次拜见对方的父母　//249
04 | 夫妻的交流之道　//253
05 | 生活需要甜言蜜语　//257
06 | 争执有度，和好有方　//260
07 | 婆媳之间应如何说话　//264
08 | 做个讨人喜欢的女婿　//266
09 | 不要伤了孩子的自尊　//270

第一章
一开口，
就把话说到对方心里去

会说话，并不是逞口舌之利，而是要尽量使用方法与策略，使自己的语言能够给对方带来心灵上的震撼，这样就能打动对方，获得认同，从而达到说话的目的。

01 | 良好的第一印象

在人际交往中，第一印象对今后的发展具有决定性的作用。

一般情况下，和别人初次见面，彼此都会感到紧张与尴尬。但只要双方能找到共同点，有共同的话题，就能很容易地拉近彼此的距离。比如说，双方都是背井离乡、外出求职的，又是同一所学校毕业，还有共同认识的人等，在交谈过程中自然就会倍感亲切。再比如刚开始见面时，一方问另一方："请问你是哪里人？"或者是"你是哪所学校毕业的？"如果另一方回答："我是杭州人。"他就会接着说："杭州啊！我去过。我记得当地最具特色的产品有……"这样用不了几分钟，两人便可以聊得非常热乎，仿佛是多年不见的朋友一样。

所以，当你准备参加座谈会时，如果即将碰面的对象是陌生人，而你想和他初次见面就增加熟悉感，就应该尽量找出彼此的共同点。先查阅一些对方的资料，或者向他人询问对方的相关背景，对他有一个初步的了解。只有这样，对方才会因为你对他有所了解而对你产生好感，进而回答你的提问并乐于与你谈话，你们的关系也就会水到渠成。

当然，留给对方良好的第一印象，这只是一方面；另一方面，你还要注意运用技巧。

1. 避免不礼貌的姿势

有一位学生，每次听课时，都会习惯性地把手臂交叠着抱在胸前。一次，一位教授从上课开始，就一直注意他，让那个学生内心感到十分不安。下了课，教授走到他面前，问道："这位同学，你是否对我的教法有什么质疑啊？"他很惊讶地回答道："没这回事啊！您为什么会这么问呢？"他不知道，就是因为他抱胸的姿势，才引起教授的疑问。抱胸的肢体动作，往往隐含或者代表"拒绝"的意思，所以才引起这个误会。从此以后，只要聆听他人说话，这个学生都会提醒自己不要再犯这种愚蠢的错误。

一般人都知道和长辈谈话时，抱胸、跷腿是不礼貌的行为，其实与朋友或同事交谈，也应避免类似不礼貌的姿势。尤其对初次见面者，这种姿势的出现，会使对方认为你不愿与他作进一步的沟通，甚至认为你的态度傲慢，从而对你产生不良的印象。

2. 使用优雅的谈吐

优雅的谈吐就像整洁的仪表，会使人感到十分愉快。如果你平时行为举止粗鲁，满口粗话，对方会认为和你谈话是一件非常辛苦的事，甚至认为这是浪费时间，不愿和你交往。相反，如果你已经习惯运用高雅的辞令与人交谈，即使偶尔开个玩笑，说些俏皮话，对方仍能够感受到你内在的涵养和气质，并且乐于与你交往。因此，平时我们也应练习谈话的技巧和优雅的举止，进而给对方留下良好的第一印象。

3. 尽量不涉及对方的隐私

由于初次见面，双方的信任还未达到一定的程度，所以你最好不要涉及过于深入的话题，尤其是隐私。

如果贸然提出不当问题，极有可能造成对方的尴尬，以至于形成交谈时的障碍。因此我们在与人初次交谈时，应该尽量避免谈及自己不清楚的问题，以免无形中侵犯到他人的隐私，引起对方的不悦。

4. 不要随意打断对方的话

当你想与对方建立一种无话不谈的信赖关系时，就不要随意打断对方说话。

有位资深的心理辅导老师，总能与初次见面的学生在短短一小时内达到无话不谈的程度，他的秘诀便是让学生说话，并且从不中途打断。他知道，对方的话题一旦被打断，心中就可能产生不满，认为你不够尊重他，这样他不仅不愿继续与你交谈，甚至还会对你产生敌意。所以这位辅导老师总是耐心听完学生的话，再从谈话中找出问题，一起讨论，从而建立起彼此的亲密关系。但是有人比较急躁，一听到意见，或者想起什么，就马上脱口而出，打断他人说话，这样做很容易引起对方的不悦，应极力避免。

5. 不要谈及敏感话题

当和他人谈话时，如果能找出引起共鸣的话题，比如喜欢的运动、旅行或者文艺爱好等，的确有助于消除彼此之间的生疏感。但是，对于宗教、政治等敏感问题，最好不要谈论，以免出现对立的情绪。

另外，关于学历、家世等方面的问题也应该避免。因为谈论对方的学历、家世等个人背景问题时，或多或少都会带有评价的感觉。如果对方很在意自己的学历或家世，这种谈论将会刺伤对方的自尊心，甚至使他感觉到受伤害。所以，即使你拥有足以自傲的学历，当你与他人初次见面时，仍应该尽量避免谈论对方的学历。

02 | 打破初次见面的沉默

初次见面，人们很容易先入为主、评判他人，所以我们应尽量用和善的语言和对方交谈。而问候语则是体现我们善意的一张名片。

在朋友之间，一句问候语往往包含了三种含义：我把尊重送给你；我把亲切感送给你；我十分珍惜我们的友谊。当我们把这三样礼物通过一句问候语送给对方时，热情、开朗、风度以及涵养就自然表现出来了。

西方有位文学家说："只要热情犹在，哪怕青春消逝。"所以西方人见面时大多主动问候："你好吗？""早啊！"而类似的问候语，能够使我们和他人之间产生和谐、友善、热情和尊重的气氛。"请""谢谢""对不起"也一样，也能显示语言调适心灵的乐趣，显示我们对他人的尊重，所以我们千万不能忽视它们的作用。

由于两人初次见面,对彼此都不太了解,往往陷入无话可说的尴尬场面。这时我们不妨以一些寒暄语为开头,比如:"天气似乎热了点!"或者"最近忙些什么呢?"等等。虽然这些寒暄语大部分并不重要,然而,正是这些话才使初次见面者免于尴尬的沉默。以下几种方式可供参考:

(1)从对方的行动谈起。例如:看到对方下班,可以问一句"下班了?"

(2)从天气谈起。

(3)询问对方的工作进展、身体状况等。例如:"这一阵工作忙吗?""快毕业考试了吧?""你看起来神清气爽,是不是有喜事呢?"

寒暄语就像一把打开话匣子的钥匙,它可帮助你和他人顺利地谈话,但有几点必须注意:

首先,寒暄语要适当。

小张和小赵是好朋友,有一次小赵得罪了小张,两人陷入冷战。两天后,小赵觉得对不起小张,于是决定向小张道歉。

这天,小赵在路上碰到小张,赶紧上前笑嘻嘻地说:"你吃饱了吗?我请客。"

小张一听,没好气地说:"你瞧我刚从小吃店走出来,竟然还问我有没有吃饱,你这不是没话找话吗?"

小赵顿时感到十分难堪，此后两人老死不相往来。

这样的小故事很可能就发生在我们的日常生活中，所以当你在使用寒暄语时，应该注意它是否与时间、场合相适应，以免弄巧成拙。

其次，要在寒暄语中加入自己的意见。

寒暄语虽然能帮你与对方开启话题，但要继续维持谈话，就不妨在寒暄语中加入自己的想法。比如说今天天气非常凉爽，你便可以说："今天天气真舒服。"如果对方回答："是啊！"这时你就可以加上一些意见，比如："这么凉爽的天气，实在适合郊游踏青，不知道你喜不喜欢到郊外走走？"这就是说，你可以利用询问对方的意见，使得双方的话题继续下去。

人与人的谈话一般是由礼貌性的问候开始。如果认为打招呼只是一种形式，进而忽略了它，我们就无法开启主要的话题。因此我们和别人初次见面时，还是应当礼貌地与对方打招呼，再逐步深入话题，以便让沟通过程更顺畅。

此外，有些人因为天性害羞内向，在聚会或公开场合中不大与他人交谈，这时候你应主动和他们说话。也许你认为和他们说话是件很累人的事，往往你说一句，他们才会答一句，所以建议你不妨以对方为谈话中心。比如："听说你从小就学钢琴，相信你一定弹得很棒。"或者是"你在学琴过程中，有没有什么印象深刻的趣事？"等类似的话题。这样做，能使对方觉得亲切，比较容易响应，然后等对方完全放松了，自然就能愉快地谈论其他话题。

03 | 说好第一句话

初次见面的第一句话,是留给对方的第一印象。其好与坏,关系重大。说第一句话的原则是:亲热、贴心、消除陌生感。常见的有这么三种方式:

1. 敬慕式

对初次见面者表示敬重、仰慕,这是热情有礼的表现。用这种方式必须注意:要掌握分寸,恰到好处,不能胡乱吹捧,不说"久闻大名""如雷贯耳"之类的过头话。表示敬慕的内容也应该因时因地而异。

例如:"您的大作《教你能说会道》我读过多遍,受益匪浅。想不到今天竟能在这里一睹作者风采。""桂林山水甲天下。我很高兴能在这里见到您这位著名的山水画家。"

一般来说，这种说话方式在遇到长辈或你很崇拜的人时使用比较合适，在同学之间运用得不太多，所以要看准场合使用。

2. 攀认式

赤壁之战中，鲁肃见诸葛亮的第一句话是："我，子瑜友也。"子瑜，就是诸葛亮的哥哥诸葛瑾，他是鲁肃的挚友。短短的一句话就定下了鲁肃跟诸葛亮之间的交情。其实，任何两个人，只要彼此留意，就不难发现双方有着这样或那样的"亲""友"关系。

比如："你是四班的吧，我经常在学校里看到你。说起来，我们还是'邻居'呢！我是五班的。""听说你特别爱踢球，而且还踢得很棒，改天我们较量一番怎么样？""你是某地的呀？我也是那里的呀，我们还是老乡呢！最近有没有回家看看？"

3. 问候式

这种方式很简单，只是简单地向对方表示问候致意。别看简单，但如果你能因对象、时间的不同而使用不同的问候语，效果非常好。

比如，如果你遇到了德高望重的长者，对他说"老人家好"，以示敬意，他会很高兴；对年龄跟自己相仿者，可以对他说"你好,很高兴认识你",显得很亲切;如果遇到老师,那么说"李老师,您好",让人感觉自己很被尊重。

如果遇到节日期间,还可以跟朋友说"节日好""新年好",给人以祝贺节日之感;在早晨说"您早""早上好"等则比说"你好"更得体。

总之,口才的提高并没有你想象的那么困难,只要你用心去学,努力尝试,很快就会发现自己的口才在不断提高。

04 | 自我介绍的技巧

当我们与不熟悉的人第一次见面时，通常采取的第一个步骤便是介绍自己。让人印象深刻的自我介绍，是双方正式谈话时最为重要的第一步。所以无论是主动自我介绍，还是让他人代为介绍，都不应该采取太冷淡或者太随便的态度。

自我介绍是一种接近对方的语言艺术，这种艺术绝不是花言巧语，而是以真诚、热心、礼貌、得体作为基础的。所以，当你希望掌握这种初次见面就能迅速和对方建立良好关系的语言艺术时，请务必保持诚恳的态度。

还有一点必须注意，我们应该善于把握每次自我介绍的机会。因为很多人在做自我介绍时，常常把自己的名字说得不清楚，只是含糊带过，或者仅仅是递出一张名片便草草结束，这样就白白浪费了留下好印象的机会。

此外，我们还应该注意自我介绍的方式，以下两点可作为参考：

1. 清楚地介绍自己的名字

在聚会场所中，我们每个人的名字往往代表着我们的独特性，所以当介绍自己的名字时，我们应该正确告诉对方名字的读音和写法。

一位名叫"柳亭"的女士便善于运用这种技巧，每次她都能给对方留下深刻的印象。每当她做自我介绍时，她就会说："我姓柳，柳树的柳，名亭，亭子的亭，合称柳亭。希望在夏天能够经常和大家一起在柳树下的亭子里乘凉！"这席话常常引来听者一阵大笑，大家都对她的名字印象特别深刻。

因此当你在自我介绍时，也不妨稍微花点心思，为自己的名字设计一下介绍方式，这样就能让对方更容易记住你的名字。

2. 简单介绍自己的背景、兴趣爱好等

只是介绍姓名，我们传递给对方的信息就太少，这会让对方无法找出话题与你交谈。所以，当你介绍完姓名后，可以简单补充一些个人资料，使听者能更进一步了解你，从而获得较多的信息和你谈话。比如当你补充说明："我喜欢徒步旅游。"对方也许十分高兴地问你："真的吗？我也很喜欢。那你都去过哪些地方呢？"如果你接着回答："雅安碧峰峡、

峨眉山、青城山……你呢？"如此一来，你们两人不就能开始愉快地进行交谈了吗。

另外，我们在做自我介绍时，要特别注意自己的言谈举止是否恰当得体。可是，怎样的介绍才算恰当得体呢？一般而言，自我介绍时的语言既要简洁明了，又要能使对方从中找到继续交谈的话题，还要让对方对你有所了解的同时，不觉得你是在自吹自擂。你可以比较下列三种介绍方法的不同：

① 我是某某某，请多多指教。

② 我是双汇集团业务部经理某某某，请多多指教。

③ 我是双汇集团业务部经理某某某，我毕业于某某大学经济系，我的老师是某教授，我曾在某某集团担任过行销顾问。

第一例的介绍词明显过于简单，对方在听完后，除了名字以外其他一无所知，同时又会感到很难继续谈论话题，进而无法作进一步的交谈。至于第三例则显得有些啰唆，又有自吹自擂之嫌，很容易引起对方的反感，从而不愿进行更深入的交谈。

相比之下，第二例既简洁又能使对方找到继续交谈的话题。比如："啊，双汇集团，我在报纸上看过介绍你们公司的文章。你们公司现在经营得怎么样？"或者"原来你是做行销工作的啊，我对这项工作也很有兴趣，我想你一定很有经验，可以在这方面指点我吗？"如此，双方就能很自然地开始交谈，并且让气氛迅速热烈起来。

05 | 融洽的交谈气氛

人都各有各的癖好，各有各的脾气：有的人喜欢娓娓而谈，有的人喜欢深思，有的人拙于应对。面对我们交谈的对象，我们应该多关心别人，重视别人的感受。善于跟人交谈的人，很善于适应别人，并能够调节自己去迁就一下别人的兴趣与习惯。如果对方软弱时，就多给予一点鼓舞和激励；失意时，多给予一些安慰与同情；对方有满腹牢骚，就让他尽情地宣泄。假如对方对某一个问题不想多谈，就应及时转换话题；假如对方对某一个问题产生特别的兴趣，就让对方在这方面畅所欲言。

真诚、温暖的微笑，是打开别人心灵的钥匙，也是营造良好交谈气氛的清新剂。如果遇到抑郁的、冰冷的表情，人的心情就会僵硬起来；如果遇见了欢乐的、温暖的笑容，人的心就柔软了、融化了、活跃了。因此,快乐生动的目光、舒畅悦耳的声调,将使谈话的气氛活跃,令人心旷神怡。反之,如果我们没有良好的谈话态度,就不可能制造良好的交谈气氛,而没有一个良好的交谈气氛,别人就会敬而远之,不愿和你交谈。

总之,好的态度犹如磁石,吸引着朋友和听众。

运用合适的称呼,看来似乎是一件再简单不过的事情。然而,它在语言艺术中,却是一个不可掉以轻心的关键。

与人谈话,称呼是必不可少的。在社交中,人们对称呼是否恰当十分敏感。尤其是初次交往,称呼往往影响交际的效果。有时称呼不当会使交际双方发生沟通上的障碍。不同时代、不同国家、不同地区、不同社会集团之间都有不同的称呼,但也有共同的称呼,如太太、小姐、女士、先生。

有时候,称呼别人是为了满足别人,并不是为了满足自己。

遇到一位朋友,最近被提升了主任。于是就先跟他打招呼:"某主任,真想不到能在这儿见到你。"他听到有人跟他打招呼,显得格外高兴,忙跑过来。虽然平时他是个不大健谈的人,但那天却显得很健谈。

当瑞典国王卡尔·古斯塔夫访问旧金山时,一位记者问国王希望自己怎么被称呼。他答道:"你可以称呼我为国王陛下。"这是一个简单明了的回答。

不论我们如何称呼人,这其中最主要的是要传达这样的意思:"你很重要!""你很好。""我对你很重视。"

使用称呼还要注意主次关系及年龄特点。如果对多人称呼,应以先长后幼、先上后下、先疏后亲的顺序为宜。如在宴请宾客时,一般以先董事长及夫人、后随员的顺序为宜。在一般接待中要按女士们、先生们、朋友们的顺序称呼。使用称呼时还要考虑心理因素。如有的30多岁的人还没有结婚,就被称为"老张、老李",会引起他的不快。对没有结婚的女性称"太太、夫人",她一定很反感。

除此之外,称呼应该根据社会习惯来进行,例如称呼一般分为职务称、姓名称、职业称、一般称、代词称、年龄称等等。

第二章
打完招呼，
跟任何人都能聊个不停

很多人和别人打完招呼后，就没有话可讲了。其实只要掌握说话的技巧，就能谈笑风生，仿佛有说不完的话题，跟任何人都可以聊个不停。

01 | 和陌生人谈话的技巧

一见如故,相见恨晚,历来被视为人生一大快事。当今世界人际交往极其频繁。参观访问、调查考察、观光旅游、应酬赴宴、交涉洽商……善于跟素昧平生者打交道,掌握"一见如故"的诀窍,不仅是一件快事,对工作和学习也是大有裨益的。那么,如何才能做到"一见如故"呢?

首先,要从自我介绍入手。

所谓自我介绍,是指人们在社交场合中向他人介绍自己的过程。这是推销自己的形象和价值的一种方法和手段,因此,这种推销成功与否,常常决定着深层次的人际交流是否能够实现。

我们不能简单地认为自我介绍就是自报姓名,在某种意义上,自我介绍是一种学问和艺术,有许多必要的技巧和尺度需要掌握。

1. 说好"我"字

自我介绍少不了说"我",如何说好这个字关系别人对你产生什么样的印象。有的人自我介绍时,左一个"我"怎样怎样,右一个"我"如何如何,听众满耳塞的都是"我"字,不反感才怪呢。还有的人"我"字说得特别重,而且有意拖长,仿佛要通过强调"我"来树立自己的高大形象。更有甚者,说"我"时得意扬扬,咄咄逼人,不可一世。这种人的自我介绍不过是孤芳自赏,只能给人留下妄自尊大的印象。

想给人留下良好的印象,就要在合适的时候平和地说出"我"字,目光亲切,神态自然,这样才能使人从这个"我"字里,感受到一个自信、自立而又自谦的美好形象。

2. 独辟蹊径

自我介绍独辟蹊径,是指从独特的角度,选择使对方感到有意义又觉得顺其自然的内容,采用生动活泼的语言把自己"推销"给别人,而绝不是指那种借助别人的威望给自己贴金的介绍,也不是指那种靠"吹"来取悦对方的介绍。一些人介绍自己时常说:"某某副总,是我的老朋友……""你知道著名的某某专家吗?我们曾住在一栋宿舍楼里……""我对某某问题很有研究。昨天我收到了某某杂志的约稿信……"这样的自我介绍也许能给人留下深刻的印象,但印象不会很好。

3. 详略得当

在一些特定情况下,自我介绍的内容需要较全面、详尽,不仅要讲清楚姓名、身份、目的、要求,还要介绍自己的经历、学历、资历、性格、专长、经验、能力和兴趣等。为了取得对方的信任,有时,还得讲一些具体事例。比如,求职应聘时就要做到这一点。

另外,为了适应某种情境的需要,自我介绍有时不需要面面俱到,将姓名、爱好、年龄、性格等一股脑儿地和盘托出。话不在多,表意就行。在自我介绍中运用"以点代面""抓住一点,不及其余"的方法,反而能收到意外效果。

4. 巧妙注释"姓"与"名"

自我介绍少不了"自报家门",为了使对方准确听清自己的名字,往往要对"姓"和"名"加以注释,注释得越巧,给人的印象就越深。对姓名的注释不仅可以反映一个人的知识水平、性格修养,更能体现一个人的口才。

一个人的姓名,往往包含丰富的文化积淀,或折射凝重的史实,或反映时代的乐章,或寄予双亲对子女的殷切厚望。因此,推衍姓名能令人对你印象深刻,有时也会令人动情。

不过,说好第一句话,仅仅是良好的开始。要谈得有趣,谈得投机，谈得其乐融融，还要注意交流的态度。

有人在交谈时，交头接耳，目光游离，心不在焉；或只谈论自己感兴趣的话题，不注意对方的反应；也有的十分拘束，沉默冷场；更有甚者，信口开河，东拉西扯，唯己正确，我说你听，淡而无味，结果往往不欢而散。

所以，与那些素昧平生者交流时，应避免傲慢与偏见，尤其在最初见面的几分钟里，要心平气和、全神贯注、不失礼节地倾听。只有这样，才能做到推心置腹地交谈，达到一见如故的目的。

02 | 提问的方法

我们在社会交际中,避免不了要向别人提问。问话的方法不同,收效自然不同。一个善于提问的人,不仅能掌握会话的进程,控制会话的方向,同时还能开启对方的心扉,拨动对方的心弦。

高明的问话使人心中喜悦,能顺利地达到谈话的目的;而愚蠢的问话只会贻笑大方,甚至招人厌恶。

由此看来,问话的事虽小,可提问技巧却难以掌握。

1. 怎样才能使提问达到预期目的?

提问要有所选择,不要提出明知对方不能或不愿作答的问题。一开始提问既不要限定对方的回答,也不要随意搅乱对方的想法。

不要故作高深、盛气凌人、卖弄学识。只有给人以真诚和可信的印象，形成坦诚信赖的心理感应和交谈气氛，交谈才能正常愉快地进行。

2. 续接提问的妙用

如果一次提问没有达到问话的目的，运用续接提问是较为有效的。

例如，你可以继续问"你是如何想办法的？""为什么会这样呢？"或者以适当的沉默表示你正在等待他进一步回答，使对方在宽松的气氛中更详尽地讲述你想知道的内容。

3. 提问要看时机

亚里士多德说过："思想使人说出当时当地可能说的和应当说的话。"说话的时机，就是说话的环境。它包括谈话者所处的自然环境、社会环境、语言环境和心理环境。一般说来，当对方伤心或失意时，不要提会引起对方伤感的问题；当对方很忙时，不宜提与此无关的问题；在业余时间里同医生、律师等谈话，也不要动辄请教有什么病该怎么治或有什么纠纷该如何处理，对于这类过于具体的问题，往往都是人们不愿涉及的。所以提问要像屠格涅夫所说的那样："在开口之前，先把舌头在嘴里转十个圈。"这样你的提问才能得到满意的回答。

4. 对象不同，提问的内容和方式也不同

每个人有不同的个性，有不同的工作岗位和生活环境，有不同的知识水平和社会阅历等，所以，提问必须以对象的具体情况为准。对象不同，提问的内容和方式自然会有所区别。

5. 提问一定要讲究得体，便于对方回答

提问能否得到满意的答复，在很大程度上取决于怎样问。恰当的提问，能使人明知其难也喜欢回答。当我们需要对方毫不含糊地作明确答复时，恰当提问是一种较理想的方式。

总之，提问是开启对方话题的金钥匙。提问要形象、贴切，不可生搬硬套。提问是主要，说明问题为次要，说明问题只是为提问服务。

03 | 不得罪人的巧妙表达

我们常看到许多人,因为喜欢和人唱反调,因而得罪了许多朋友。所以,常常有些人总是劝人不可以在意见上与人作对,与人冲突。这种看法,其实是很片面、很浮浅的,而且也是不必要的。人都爱面子,但除了极少数的极愚蠢或极狂妄的人外,几乎每一个人,都更喜欢敢表达自己意见的朋友。

不信你就试一试。如果你认识一个人,如果你对他的每一句话,都随声附和,没有说过一个不字,第一次见面他也许很高兴,但不久之后,他就会觉得你其实是个滑头。随声附和的"应声虫",是没有人会看得起的。

那么,你会问,怎么才能对人真诚地表达自己的意见,又不会得罪人呢?

首先,你要明白一件事——细心观察社会和人生,你就会发现，只要你的意见是对的，在向别人表示自己的不同意见时，不但不会得罪人，而且还会受到欢迎，使人有"与君一席话，胜读十年书"之感。

你要知道，得罪人的不是你的意见本身，而是你对别人意见的态度。如果在你表示不同意见时，把自己的意见当作绝对的真理，而别人的意见简直是愚蠢幼稚、荒诞无稽，那才伤了人，而且这伤害还真不小。

因此，你只要遵守一个不变的原则：在表示自己的意见时，你不要逼别人立刻接受你的意见，你要容许别人有充分的时间来考虑你的意见，而且还要提供给别人考虑你的意见的根据。若要别人也和你自己一样相信你的意见，你必须得给对方相当充分的资料，你的意见才有立足点，既不是盲从，也不是武断。

与此同时，你还要表示愿意考虑别人的意见，请对方也提出更多的说明、解释和证据，使你相信。

这样，一方面老老实实地说出自己真正的看法，一方面又诚诚恳恳地尊重别人的思考能力。这样才是最理想的互相交谈的方式。

有的时候，如果你自己的看法和一般人的意见相差太远，你可以事先作这样的声明："也许这是我的偏见。"或者再加以补充，"我希望我的意见能够和大家一致，可是目前我还没有得到足够的理由去这样做"。

许多人在别人面前，常常无话可说，这就是因为很多时候，他遇到了和自己持不同意见的人。如果他不愿意随声附和自己不认同的意见，又怕说出自己的意见会得罪人，那么怎么办呢？那当然只有不说了。

04 | 如何更换话题

人们对话,有时语言枯竭,有时情况突变,都应立即更换话题,以摆脱谈话困境,使对话继续进行下去,达到自己的目的。

在什么情况下必须更换话题呢?

原定的话题已经谈完,对话无法进行下去。

对话中意外失言,出现尴尬场面。

对话中的一方对此话题不感兴趣,甚至出现厌烦的情绪。

对话中出现对立意见,继续谈下去,可能引起双方不快。

对话中情况突变,给一方造成了危败的颓势,等等。

出现这些情况时,如何更换话题呢?试举两例。

一次,刘备与曹操饮酒。曹操以手指刘备,又指自己,说:"今天下英雄,惟使君与操耳!"刘备一听,大吃一惊,一不小心,手中拿的筷子竟然掉到地上。此时正值大雨将至,雷声隆隆。刘备急中生智,立即把曹操的话题更换到雷雨上,从容地说:"一震之威,乃至如此!"曹操并未觉察,笑了笑,说:"丈夫亦畏雷乎?"刘备说:"圣人迅雷风烈必变,安得不畏?"

刘备巧妙地将闻曹言失箸之窘境引到迅雷的话题上,悄悄地掩饰了内心的惊恐,而不致引起曹操的怀疑。这种在紧急情况下更换话题的方法,能使自己不致泄露隐私,招致祸患或留下笑柄。

另一则是美国前总统林肯在竞选国会议员时,巧妙回答卡特赖特牧师的问题并更换话题的故事。

卡特赖特牧师到处散布林肯不承认耶稣、诬蔑耶稣是私生子的言论。林肯当然明白,这一伎俩是卡特赖特牧师蓄意降低自己在选民中的威信。

一次,卡特赖特牧师在一座教堂里布道时,林肯也在座。卡特赖特便以信奉耶稣为话题,对信徒们说:"愿意把心献给上帝、想进入天堂的人站起来。"唰的一声,信徒们几乎都站起来了,唯有林肯坐着不动。卡特赖特看在眼里,暗暗高兴。他叫站起来的信徒坐下,又紧扣话题,对信徒们说:"凡是不愿下地狱的人都站起来吧,我要为你们祈祷,上帝保佑你们!"信徒们又唰的一声站了起来,又只有林肯一人不动声色地坐在那里。卡特赖特高兴极了,目光迅速扫向林肯,严肃地说："大家都愿意把自己的心献给上帝，进入天堂，都不愿下地狱与魔鬼为伍。可是，我注意到只有林肯先生一人例外。请问林肯先生，你到底想到哪里去？"

　　林肯早就胸有成竹，马上从容不迫地站起来，更换话题说："牧师先生提出的问题很重要，我可以坦率地告诉牧师先生，我既不去天堂，也不去地狱，我要到国会去！"随之，林肯以竞选为题，大力宣传自己的政见，在座的教友深深敬佩他能在不利的谈话局势下更换话题，把教堂瞬间变为竞选国会议员的讲台，拼命地为他鼓掌喝彩。

　　如果林肯不接过话题，进行更换，仍以耶稣为题说下去，必然落入尴尬的场面。而更换话题，立刻让自己转败为胜。

　　更换话题需要很高的智慧，也需要很好的口才，而且要巧妙、自然，不露痕迹，这样，现场的气氛才能平和，才能让自己立于不败之地。

05 | 巧妙插入别人的谈话

一个沟通能手在交谈过程中应该如何插话,才能有助于达到最佳的交际效果呢?一般的方法有以下几种:

1. 适当表达自己对谈话的兴趣

当对方在同你谈某件事,因担心你可能对此不感兴趣,显露出犹豫、为难的神情时,你可以伺机说一两句安慰的话。

"你能谈谈那件事吗?我十分想了解。"

"请你继续说。"

"我对此也是很感兴趣的。"

此时你说的话是为了表明一个意思:我很愿意听你的叙说,不论你说得怎样、说的是什么。以此消除对方的顾虑,坚定他倾诉的信心。

2. 适当疏导对方的情绪，让谈话继续

当对方由于心烦、愤怒等原因，在叙述中不能控制自己的感情时，你可用一两句话来疏导。

"你一定感到很气愤。"

"你似乎有些心烦。"

"你心里很难受吗？"

说这些话后，对方可能会发泄一番，或哭或骂都不足为奇。因为，这些话的目的就是把对方心中郁结的一股情绪"诱导"出来，当对方发泄一番后，会感到轻松、解脱，进而能够从容地完成对问题的叙述。

值得注意的是，说这些话时不要陷入盲目安慰者的误区。你不应对他人的话作出判断、评价，说一些诸如"你是对的""他不应该这样"一类的话。你的责任不过是顺应对方的情绪，为他架设一条"输导管"，而不应该"火上浇油"，强化他的抑郁情绪。

3. 总结综述，方便理解

当对方在叙述时急切地想让你理解他的谈话内容时，你可以用一两句话来"综述"对方话中的含义。

"你是说……"

"你的意见是……"

"你想说的是这个意思吧……"

这样的综述既能及时地验证你对对方谈话内容的理解程度,加深对其的印象,还能随时纠正理解中的偏差,又能让对方感到你的诚意。

以上三种交谈中的插话技巧都有一个共同的特点,即不对对方的谈话内容发表判断、评论,不对对方的情感作出是与否的表示,始终处于一种中性的态度上。不过,有时在非语言传递信息中你可以流露出你的立场,但在语言中切不可流露,这是一条重要界限。如果你试图跨越这个界限,就有陷入沟通误区的危险,从而使一场谈话失去方向和意义。

06 切忌自我吹捧

在浩渺无边的谈话题材中，有一些小小的"礁石"，要留心避免。

记住，人无完人，即使你在某方面有所成就或者高人一筹，也并不能代表你每一个方面都出类拔萃。所以，不要沾沾自喜，更不要大肆渲染。

"那一次的纠纷，如果不是我给他们解决了，不知要弄成什么样。你们要知道，他们把任何人都不放在眼里，不过，当着我的面，就不敢轻举妄动了。"

即使那次纠纷真的是因为你的努力而得到完满的解决，这样说也未必能讨到对方欢心。这个时候这样说一句："当时我恰巧在场，就替他们解决了纠纷。"效果就会大不相同，会更令人敬佩。当别人发觉你默默地做了一件值得称赞的事，自然会对你敬重有加；但若自己夸夸其谈，结果则恰恰相反。不要一心只想求得别人的赞赏，而把事情说得神乎其神，这样别人会觉得你沽名钓誉，其手法无异于乞丐讨饭。

别向陌生人夸耀个人的生活，例如自己的成就、自己很富有或是自己的儿子如何出色。

永远不要在上司面前夸耀自己的才干，你若渴望取悦于他，给对方留下深刻的印象，不要自我吹捧。展现自己的才华，是在实际工作中，而不是在口头上。

说话时，既要有实事求是的态度，又要给人谦虚的印象，坦白地承认你对某些事情的无知，这绝不是耻辱。相反，别人会认为你的谈话很真实，没有自我吹嘘，这样就能赢得好口碑。

第三章
巧妙破冰，
避免冷场的聊天术

说着说着就冷场，只剩下大眼瞪小眼，好尴尬啊！会说话的人，总能巧妙破冰，而不会出现冷场的尴尬。

01 | 就地取材打开话匣子

无论和谁第一次见面,刚开始的交谈都是最不容易应付的。因受时间的限制,不容许你多作犹豫,又不能冒昧地随便提出其他话题。"今天天气很好"这话最常用,但除了在户外或沙滩上散步时不妨用用之外,在别的场合上说不仅太过敷衍,而且缺乏内容,难以开展较有趣味的谈话。所以在这里,就地取材似乎比较简单实用。

何谓就地取材?就是按照当时的环境而觅取话题。如果相遇的地点在朋友的家里或在朋友的喜筵上,那么对方和主人的关系可以做第一句的话题:"你和某先生大概是老同学吧?"或者说:"你和某先生是同事吗?"如此一来,无论问得对不对,总可以引起对方的话茬。问得对的,可依原本主题继续深入;问得不对的,根据对方的回答又可顺水推舟,继续畅谈下去。

"今天的客人真不少！"虽是老套，但可以引起其他的话题。"这礼堂布置得很不错！"赞美一样东西，常是最稳当得体的开始。若是一般社交活动，则"山上的樱花开得很灿烂，颜色真好看，你曾去看过吗？"或"这个时节在园子里喝茶，实在太舒服了！"都是就地取材的例子。

第一句的最高境界是人人能了解，人人能加进自己的意见。由此再探出对方的兴趣和爱好，然后拓展谈话的领域。如果指着一幅画说："真像凡·高的作品！"或听见鸟唱就说："很有门德尔松音乐的感觉！"除非知道对方是内行，否则不仅不能讨好，还会在背后挨骂。

如果不知道对方的职业，最好不要直接问他。万一他正失业闲居在家，问他职业无异于使他承认失业，对于自尊心很重的人是不大好的。如果你想"开发"主题而希望知道他的职业，只能用试探他的方法："你平常会做点球类运动吗？"如果他说"不"，你就可以问他是否很忙，继续下去问出他每天是否有固定的工作时间，从而引入职业的话题。如果他说"是"呢，便可加上一句问他通常在何时去运动，这就进入了另一个话题——运动，也有利于交流的继续。

找不出其他话题时，那么中国原有的老方法也可运用。那就是问对方的籍贯，这"府上是什么地方"的问题，以中国人的习惯是一点不觉得唐突的。知道了籍贯，话题就容易找了。如果是同一个县市呢，那更方便了，随便谈些两人皆知的社会新闻、都市建设、地方习俗等都可以。

　　如果遇到一些知名人士，或有特殊成就的人，或介绍者早已对你说出对方的身份底细，那么，你大可提出话题，鼓励对方多谈谈他得意的方面，一则彼此均甚愉快，二则会使对方对你产生好印象。别人也可以从交谈中吸取新知，获得宝贵经验。

02 | 消除沟通障碍

沟通障碍多因细节处照顾不周而造成，消除沟通障碍，可以从以下几个方面着手：

1. 找到那个合适的中点

沟通是彼此的事，一个巴掌拍不响。当你运用技巧时，别人也会运用技巧。当然，沟通是有目标的，你可以使自己的愿望处于优势，并且尽可能达到这个对自己有利的结果。但这多少有些一厢情愿，因为别人也运用技巧，彼此力量的消长有一个合适的中点，那是双方可以接受的结果。沟通能达到这个目的，双方应该都满意，虽然这个结果跟你渴望的结果有些差别，但也应该坦然接受。

2. 暗示

暗示就是为了保全他人自尊而采取的一种比较含蓄的不直接指责、指使他人的方法，也就是间接地让人做出你希望其做的事。

暗示可以成为他人行动的动力，别人在接受暗示时，已经感到了受尊重的意味，就会主动帮你达到你渴望的效果。暗示可以让人心甘情愿地和你沟通。

3. 学会使用漂亮的语法

世上每一种语言都有其特殊的美，其中都有很漂亮的语法。沟通也是一种语言交流，漂亮语法的运用就很合适。

当然，漂亮的语法绝不是指滥用形容词。它的的确确是一种语法，它将各种词语巧妙地运用，不仅限于形容词。

"然后……""这时……"等语法可以给人流畅感，容易使人顺着你的思路，在起承转合之间，自然而然地形成沟通。使用"因为……所以……"等语法，则给人很讲逻辑、很讲道理的感觉，他人就会心服，谁愿意跟说话无逻辑的家伙打交道呢？

语法是有玄机的，成功地运用有玄机的语法都是漂亮的语法。

在漂亮语法当中，先尊重对方的态度，然后，说出自己的要求，只要语法得当，就算要求有些过高，对方也不会觉得受到伤害，甚至会接受你的观点和建议，并愿意合作。

4. 先接纳再削弱

在沟通时，接纳对方的观点，然后再削弱他的观点，是一个尊重他人的好办法。生活中人的观点多种多样，纷繁复杂地围绕在你周围。观点是容易冲突的，人都不愿放弃自己的观点，所以，沟通时不要破坏对方的观点，只能悄无声息地移动他人的观点，让它靠拢自己的观点。记住：是移动，不是改变。

5. 利用喜欢表现的心理

世上总有很多人喜欢表现自己的力量和能耐，在他们眼中，他人总不如自己。这种人很可能令你讨厌，但你可以利用他们。既然他们喜欢表现，你就给他们表现的机会。

最简单的办法就是在他们面前故意表现得笨手笨脚，他们会哼着鼻孔走过来说："真是差劲，让我来！"于是，他们就自己动手做起来。这个方法儿童都会用，何况成人？

最聪明的办法是询问，如果用表现得很虚心的样子去求教，他人怎么会不理睬？说不定一边做还一边教你怎样做呢。

03 | 不可浇灭他人谈话的热情

　　七位年轻人聚餐,席上有六位T大生和一位哈佛生。当这六位T大生谈论学校的制度及上课情形时,哈佛生不断打岔,并在言谈中强调"我们哈佛"如何如何。

　　餐毕,这六位T大生向人表示,他们对那位哈佛生没有好感。因为T大在国内是首屈一指的学校,学生有很强的荣誉感,这位哈佛生言谈间不断提及"哈佛"二字,仿佛在他们的优越感上重重地锉了一刀。

　　第一次做母亲,任何人都情不自禁地想把为人父母的体验与他人分享,每一位母亲谈起自己的孩子时,都喜形于色。如果对方告诉你她的小孩有多可爱,你最好表示同感,并不断往正面去夸奖小孩。而最差劲的应答方式是打断对方的话,告诉她你也有此经验,并且你的孩子也很可爱,甚至要比她的小孩可爱很多。

别人正眉飞色舞地告诉你一些得意的事时，你即使知道，也要假装很有兴趣地倾听。不要在话头上浇人冷水，一旦你插入谈话并也将自己在这方面得意的经验告诉对方时，极容易引起他人的不快。

如果你所说的内容与对方得意程度相仿，而能让大家谈得更起劲，当然再好不过。但是，一旦你的经验比他好得多，难保对方心里不会想："你在轻视我。"

所以当对方正在高谈阔论时，插嘴表示"我知道的比你多"或"我的经验比你好"实在是不智之举。你应该让对方畅所欲言，而不是浇人冷水。

04 | 如何对付羞辱

生活中也许会有一些冲动或没有教养的人说了一些羞辱人的话，该怎么做呢？

下面，让我们看看我们如何面对这样的话。

1."说话之前应该先想一想。"

当对方如此指责你时，不一定是提醒你多思考，也可能是指责你说了令他不快的话。这时，你可以把重点放在时间的问题上："很抱歉，是我疏忽了，那么依您看，说话之后该怎么样呢？"

或者接受他的好意："你说的是，我尽力而为。不过，我一向习惯在你开口说话之前，先思考我该说什么话。"

或者你可以表示为他打抱不平的态度："可是如果我想了

而你没有想,对你不是太不公平吗?这样太失礼了。"

最简单的方法就是报以微笑,然后默默不语。如果对方等得不耐烦,想再说什么,你就打断他:"嘘!我正在想呀!"

2."你父母是怎样教你的?"

谈话之中突然牵扯到你的父母,这是最令人生气的事,但你一定要保持冷静,千万别因为父母受到对方指责而生气,因为这可能是对方一时冲动说出的气话。

这时你不妨默默想一会儿,再说:"我不记得了,恐怕得麻烦你亲自去问他们。"

或者态度谨慎而肯定地回答他:"我很抱歉使您恼怒,但是我想这么没礼貌的问题,不应该从一位绅士口中说出来。"

3."你以为你是谁?"

这种话通常是对方恼羞成怒时,容易脱口而出的话。这时,你不妨谦和一点,请教他:"我倒没想过这个问题,你呢?你认为自己是谁呢?"或者以开玩笑的方式说:"我不大确定,不过我应该算是个大人物吧!有不少人找我说话呢!"或是:"现在吗?我以为我是受害者。对于你的怒气,我感到十分无辜。"

4."你连这点小事都做不来吗?"

如果对方如此询问你,这时你可以向他求教:"我不知道，请问你可以告诉我第一步该怎么做吗？"

在人与人的交谈中，难免会因一时恼怒而说出气话，也许对方话一出口就已经后悔了，但是因为你的愤怒反应，可能使他不甘示弱而与你针锋相对。因此，判断出对方是无心之语时，你不妨较有技巧地应对，让对方心平气和，自觉失言。

当然，假如对方很明显是蓄意惹怒你，你不妨机灵地回敬他一句，然后选择离开，但千万不可大发雷霆，使场面一发不可收拾。

公然直接羞辱人的语言大都有一个共同点：说话的人很冲动，而且被逼得无话可说，你千万不要因为对方的一句辱骂，变得像他一样失去理智，否则你们两个人之间的关系将会决裂，无法补救。最好的对策是保持冷静，从容应对。

05 | 八面玲珑的交际语言

看过《红楼梦》的人一定会知道凤姐,她的能言善辩让人印象深刻,真可谓"八面玲珑"。当她一见到才进贾府、站在贾母面前的林黛玉时,说了一句:"天下真有这样标致的人物,我今儿才算见了……竟是个嫡亲的孙女。"别看这么简单的一句话,足可以代表凤姐说话的水准,也可谓是"八面玲珑"的典范。"天下真有这样标致的人物"讨得了林妹妹和贾母的欢心,可也许会让站在旁边的迎、探、惜三春不高兴,这等于说她们不及林黛玉标致,于是凤姐儿马上又添一句"竟是个嫡亲的孙女",就讨得了"三春"和王夫人、邢夫人的欢喜,也又一次讨得了贾母的欢喜。这一句话,讨得了七人的欢心,真正说出了水准。

我们在交际中,往往也很讲究话语的"八面玲珑"。所谓

"八面玲珑",是指一句话令每一位听者都能感到愉快,也就是照顾到每一个人的情绪,维护每一个人的面子。

首先,言辞间不要锋芒太露,"见面说话留三分"就是这个道理。同时,话没说出时,要多多考虑一下它可能会引起的各种反应,好的坏的,而加以"去芜存菁",若每一位听者都可能满意于你的这句话,你就达到了所谓"八面玲珑"的境界。

这很难做到,但也必须做到,才可以成为一个成功的交际者。但这不是说事事都要讲求"中庸",它表现了说话之最高水平,犹如《红楼梦》中凤姐的言辞。

06 | 学会与不同类型的人打交道

在交际中，除了要注意别人的忌讳之外，还要留心对方的交际风格。如果能掌握交际风格，你就能掌握大多数场合的交际效果。在这里，我们把交际中的人物分为六种类型。

1. 候选人式

他们待人亲切、耐心，相信通过交谈即能解决双方的问题。与他们交谈，便会发现他们热情、随和，善于分析，但说话过于啰唆，就如同轻声细语地讲着故事，希望博得别人的青睐。这类人物非常希望通过敞开心扉缩短与对方在感情上的距离，与别人建立良好的人际关系。

虽然候选人式人物最健谈，但因为他说话不傲慢，所以比苏格拉底式或长官式人物更容易让人接受。在对方敌意增强时，候选人式人物会躲到一边；但他还会第二次、第三次、第四次去尝试说服别人。其论点或证据都围绕在自己或朋友的亲身经历上。

候选人式人物词汇丰富。要是辩论落了下风，他会绞尽脑汁地翻出词儿反击，害得对方与其承认听不懂他的话，还不如赶快举手投降。

如果你要说服候选人式人物，就要有耐心，善于洗耳恭听。除了必须听完他喋喋不休的谈话之外，用个人经验去说服他必是成功的关键。也就是要设法让他把你纳入其个人经验的范围里，因此你若要说服他，你也必须这么做。

2. 长官式

这类型人物认为，诚实地交换意见和信息、分析细节是交谈的主要目的。长官式人物能成为启迪人们思想的领袖，但人们会觉得他像潜在的独裁者。

这种类型的人物感情强烈，常常盛气凌人，他认为没有必要什么时候都得诚实。如果认为你错了，他会直截了当地说出他的看法。否则，会用较缓和的方式指出你的错误。

长官式人物既关心最终成果，也关心细节。因此，他不用别人帮助就能得到完美的结果。然而，这是一把双刃剑：因为别人会把他这种独立解决问题的能力，看成是他自命不凡的证据。

第三章
巧妙破冰，避免冷场的聊天术

在公开场合，长官式人物能言善辩，但在人际交往中却一筹莫展。作为雄辩的演说家，他能振作成千上万人的士气，哪怕移山填海都行，但在一对一时，却有可能是十足的"哑巴"。

长官式人物在工作中往往处理不好与同事的关系。这种类型的人易与别人发生争执，自找麻烦，因为他的特点就是——只爱说不爱听。

和长官式人物交流，最好采取贵族式交谈。在着手说服他之前，不妨先奉承他几句，让他知道你对他评价颇高。接着，再指出若是采纳你的意见更会提高他的威信。要让他有机会验证你的看法。这样，当他再来找你讨论计划时，他就会把你的主张看成自己的意见。

3. 议员式

议员式人物也许是上述几种类型人物中最聪明的一种。他们把交谈看作获取成功的策略，并有意识地控制环境。说话之前，他们总是眼观六路、耳听八方，研究说话对象，选择最有效的交谈方式。

议员式人物像内省式人物一样善于倾听，但说起话来又像贵族式人物。人们觉得议员式人物和内省式人物一样亲切，不会有疏离感，因而总会向他吐露实情。因此一旦让议员式人物掌握足够的实情，他们就会反攻。

议员式人物也有其独有的问题：让人捉摸不透。如果在不止一种场合观察，就会发现这是一批内心反复无常的人。要控制议员式人物就要在多种场合观察他们，当心他们从内省式转向贵族式，因为这种转变说明他们想利用情报优势打击对方。说服议员式人物是一种挑战，须时刻小心谨慎。

4. 内省式

这一类人在与人交往中较关心人际关系。在他们看来，维护人与人之间的关系最重要，而传递信息、阐述观点以及是否赢得威望都是相对次要的。如果实话实说，会使对方恼怒或不快，内省式人物宁可一言不发。为了避免冲突，他会说你想听的话，而不是他想说的话。

内省式人物不愿意发表强硬的观点，但却会向人敞开心扉，愿意与别人分享自己内心深处的喜怒哀乐，也乐于倾听。由于善于倾听，人们愿意向这类人物诉说自己的难题。内省式人物善于使他人敞开心扉，这无疑是一种有用的管理才能。

内省式人物还很会响应别人。比如点头，或者说"我明白了""我懂了"等强调他在倾听。演讲的时候，你不难在听众中找出这种人。他们会不停地向你点头、微笑，给你鼓励。

由于不愿指导别人，也不愿坚持己见，这类人一向不易建立威信。因为说起话来自信不足，他们在会议上发表的意见常常得不到重视。其他意志力强的人往往利用他们这种谦恭的态度来忽视或打断他们。

让内省式人物做你想让他做的事很容易，但要让他毫无怨言或不搞破坏却不容易，因为他们并非只会付出不求回报的人。顽固的内省式人物有可能假装忘记你交代的事，进而激怒你，使你出丑。要避免这些消极行为，就应该在日常交往中建立起感情联系，交谈时要吸引他加入对话，避免使用极端言辞，而且在任何时候都要关心他们内在的需要。

5. 苏格拉底式

这类人物说话有说服力，喜欢讨论、争辩、谈判，善于统筹全局，从晦暗的局势中找到出路。这种能力对工作，尤其对化解冲突大有好处。但惯于教训人的特点却在一定程度上影响他们发挥这种能力。

苏格拉底式人物说话爱用注解。先说一件事，然后用有关信息注解这个话题，再回到主题，然后又转到注解，就这样转来转去。不习惯这种交谈方式的人会被他们说得晕头转向。

与苏格拉底式人物打交道别指望谈话会很简捷。另外，即便他教训你，你也不要感到不快，因为他就是这种风格，与他怎么看待你毫无关系。如果你的上司或客户是这类人，千万记住，在他看来没有完美的事物，别指望你的方案和建议一次就被他接受，否则肯定会碰一鼻子灰。就算改了好几遍稿，但他还会要你修改"定稿"，弄得你怒不可遏。所以，不要等到最后才给他看成品，而是把各阶段的产品都让他过目，每一阶段都征求他的意见。

6. 贵族式

贵族式人物有话直说。他们最典型的特征是敢说别人只会放在心里的事情。他们认为每个人都应该想说什么就说什么，有所保留就是不诚实。他们往往不在意别人怎么看待自己。

贵族式人物与人交谈是为了解决问题，但常常忘记在交谈开始时先建立良好的关系。他们总是阔步而入，进门便坐，然后说："好了，开始工作吧。"半句废话也不说。就算你正在流鼻血，他还是只管坐下便说"好，干活吧"，跟没事一样。

贵族式人物与人交谈只关心结果。他们喜欢直接进入主题，不喜欢为细节伤脑筋，也不靠细微处来统合主题。看小说也跳过大段描写，只挑引号里的话看，因为那儿才有情节。

讲话时，贵族式人物喜爱使用"或者"一词，而且次数颇多。说起话来观点明确，看事情黑白分明，绝无灰色地带。遇事即刻作出反应，对多数问题只想得出两种方案——Yes 或 No。

贵族式人物不难打交道，因为他们看事情十分透彻、想法单纯、不易受伤害。跟他们交谈要坦率，先说明意图或结论，把主要观点摆出来，再问他们需不需要进一步的信息。可别被贵族式人物吓着，要学会不理会他们说的某些话。他们不是有意要伤害你，只不过是说话不加考虑罢了。

07 | 机言巧语,随机应变

随机应变是一个人灵活处世的好方法。它能化冲突为喜悦,变危机为幸运。无论是谁,只要充分运用自己的睿智,随机应变,用巧妙的语言缓和窘境,就是一种成功。即使在充满火药味的场合,也能帮助人摆脱困境。

清朝的大太监李莲英为人机灵、嘴巧,无论在什么样的场合,面对什么样的人物,他都应付自如,因此,深得老佛爷慈禧的喜爱。同时,李莲英也常常帮慈禧打圆场,摆脱困境。

慈禧爱看京戏,所以不断有戏班子进宫专门给老佛爷演出。慈禧喜怒无常,这些戏子都提心吊胆,演得不合她的胃口,便时刻有掉脑袋的危险;演得好了,老佛爷开心了,便赏赐他们一些小玩意儿,以示皇恩浩荡。

第三章
巧妙破冰，避免冷场的聊天术

有一次，著名的京戏演员杨小楼率领他的戏班进宫给慈禧太后演出。这天，慈禧心情舒畅，看完戏后，把杨小楼召到跟前，指着满桌子的糕点说："这些都赏赐给你，带回去吧！"

哪有赏赐糕点的？何况慈禧这人极为奢侈浪费，她一顿饭能吃200多道菜，可想而知那些糕点也绝不会少。杨小楼心想：这么多糕点，我怎么带回去呀？于是，便赶快叩头谢恩道："叩谢老佛爷，只是这些尊贵之物，奴才不敢领，请……另外恩赐……"

这话把周围的宫女、太监们吓晕了，按慈禧的脾气，赏赐你的东西你不要，还敢要求另外赏赐，这不是找死吗？可谁料想，这天太阳从西边升起了，慈禧心情非常好，不但没有发脾气，还温和地问了一句："那你要什么？"

杨小楼又叩头接着道："老佛爷洪福齐天，不知可否赐个字给奴才。"

慈禧听了，一时高兴，也想给大家露一手，便让太监笔墨纸砚伺候。只见她大笔一挥，一个硕大的福字就写成了。

没想到的是，慈禧的这出戏却演砸了，她把福字写多了一点。慈禧身旁的一位宫女眼尖嘴快，马上告诉了慈禧："老佛爷，福字是'示'字旁，不是'衣'字旁呀！"

杨小楼一看，确实是错了。这可怎么办？若是拿回去遭人议论，要是传到慈禧耳中，不知又有多少人要蒙受不白之冤。不拿吧，慈禧动怒，自己不会有好下场。要也不是，不要也不是,他一时急得直冒冷汗。

现场气氛一下子变得非常紧张。慈禧也觉得为难,确实是自己写错了,不想让杨小楼拿出去丢人现眼,但自己也无法开口要回来重新写。

这时,一旁的李莲英眼珠子一转,不慌不忙地走向前,笑呵呵地说:"老佛爷洪福齐天,她老人家的'福'自然要比世人的多一'点'了。要不怎么显示出她老人家的高贵呢?"

杨小楼一听马上会意,连忙叩首道:"老佛爷这万人之上之福,小人怎敢领呢!"

慈禧正愁没法下台,听这么一说,也就顺水推舟,笑道:"好吧,隔天再赐你吧!"

就这样,李莲英的一句话化解了慈禧的一次窘境。这样的奴才岂能不讨主人喜欢?

由此可见,善于把握转瞬即逝的时机,使自己永远处于主动地位,驾驭事态的发展,最终一定能实现自己的目标。

所谓的随机应变,应该是在坚持原则的前提下,去灵活地改变做事的方法、形式,而不是去投机取巧。随机应变也不同于见风使舵,做人应该有原则。

第四章
巧妙拒绝，
别让不好意思害了你

不懂得拒绝的人，就等于自己的人生被别人捆绑；不会拒绝技巧的人，就等于化友为敌。跟随自己的内心，拒绝做个老好人。学会拒绝，既不失去人缘，又能活出真我。

01 | 学会含蓄委婉地拒绝

办事都要讲求原则，不符合原则的事坚决不能办。如果某人向你提出的要求不符合原则，不答应给办，这就叫坚持原则。不能为保持一团和气而丧失立场，不论什么样的关系，该拒绝的一定要拒绝。但同时要讲究说话方式的灵活性，根据人际关系的类型和特点，根据语言交往的内容、场合和时间，来采取灵活的策略。

1. 幽默轻松，委婉含蓄

美国前总统富兰克林·罗斯福在就任总统之前，曾在海军部担任要职。有一次，他的一位好朋友向他打听海军在加勒比海一个小岛上建立潜艇基地的计划。罗斯福神秘地向四周看了看，压低声音问道："你能保密吗？""当然能。""那么，"罗斯福微笑地看着他，"我也能。"

富兰克林·罗斯福采用的是委婉含蓄的拒绝，其语言具有轻松幽默的情趣，表现了罗斯福高超的口才艺术，在朋友面前既坚持了不能泄露的原则立场，又没有使朋友陷入难堪，取得了极好的语言交际效果。以至于在罗斯福死后多年，这位朋友还能愉快地谈及这段总统逸事。相反，如果罗斯福表情严肃、义正词严地加以拒绝，甚至心存疑虑，认真盘问对方为什么打听这个、有什么目的、受谁指使，岂不是小题大做，有煞风景，其结果必然是两人之间的友情出现裂痕甚至危机。

委婉拒绝是希望对方知难而退。

有人想让庄子去做官，庄子并未直接拒绝，而是打了一个比方，说："你看到太庙里被当作供品的牛马吗？当它尚未被宰杀时，披着华丽的布料，吃着最好的饲料，的确风光，但一到了太庙，被宰杀成为牲品，再想自由自在地生活着，可能吗？"

庄子虽没有正面回答，但一个很贴切的比喻已经回答了，让他去做官是不能的，这种方法就是委婉的拒绝法。

2. 敷衍式的拒绝，含糊回避

敷衍式的拒绝是最常见也是最常用的一种拒绝方法，敷衍是在不便明言回绝的情况下，含糊回避请托人。敷衍是一种艺术，运用好了会取得良好的效果。

有一次庄子向监河侯借粮食，监河侯敷衍他，说道："好，再过一段时间。等我去收租，收齐了，就借你三百斤粮食。"

虽然这个寓言讽刺了那些说大话、开空头支票、而不能解决实际问题的人，但不可否认，监河侯的敷衍很有水平，不说不借，也不说马上借，而是说过一段时间收租后再借。这话有几层意思：一是我还没收到租，目前没有，现在不能借给你；二是过一段时间不是确指，到时借不借再说。庄子听后已经很明白了，监河侯不愿借粮，所以就说了"涸辙之鲋"的故事讽刺他。

3. 回避锋芒，推到以后

对方在激动时所提出的问题，如果不能具体解决，往往容易陷入僵局，故对这类问题要加以回避。如果是个人的事，可说"这件事太复杂，先喝一杯再说"，这样表明态度，一句话就可使对方稳定下来，比两人争吵不休要好。在正式场合，比如在开会时发生争吵的话，会议主持人应先承认问题的重要性，然后说"这个问题太棘手，无法立刻回答"，从而牵制住对方。在对方看来，"这个问题，改天再说"的答复，比明确拒绝要好，因此可使对方缓和激动情绪，收敛锋芒，不再纠缠。

4. 拒绝的同时表示自己愿意帮忙

如果一位同事想把本应由他自己完成的工作转嫁到你的肩上,你千万要避免出自本能的拒绝:"哎呀,您的事我可干不来。"

为了慎重起见,你不妨这样对他说:"我非常愿意帮您的忙,但事不凑巧,我手头的那份工作还没干完。依我看,您的能力和素质完全可以胜任,不妨您先干起来,或许我还能帮您干点别的什么。比如说,今天我要上街买东西,您不顺便带点什么吗?"

类似的拒绝,既使会使对方感到失落,也不至于使当时的气氛显得很尴尬,不会伤了彼此的和气。所以,我们提倡讲究策略的拒绝方式。

02 | 巧妙拒绝的艺术

拒绝除了要委婉外,还要讲究一定的艺术。

1. 暗示拒绝

通过身体姿态或非直接的语言把自己拒绝的意图传递给对方。当想拒绝对方继续交谈时,可以做一些转动脖子、用手帕擦拭眼镜、按太阳穴以及按眉毛下部等漫不经心的小动作。这些动作意味着一种信号:我较为疲劳、身体不适,希望早一点停止谈话。显然,这是一种暗示拒绝的方法。此外,微笑的中断、较长时间的沉默、目光旁视等也可表示对谈话不感兴趣、内心为难等心理。也可以是语言暗示,如:"找我有什么事吗?我正打算出去。""还要给你添点茶吗?"从而间接地表达了拒绝的愿望。

2. 先肯定后否定

对对方的请求不要一开口就说"不行",而要先表示理解、同情,然后再据实陈述无法接受的理由,以此获得对方的理解,使对方自动放弃请求。

刘晓和李丽是大学同学,刘晓这几年做生意虽说赚了些钱,但也有不少的外债。两人毕业后一直无来往,忽然有一日李丽向刘晓提出借钱的请求。刘晓很犯难:借吧,怕担风险;不借吧,同学一回,又不好拒绝。思忖再三,最后刘晓说:"你在困难时找到我,是信任我,瞧得起我,但不巧的是我刚刚买了房子,手头一时没有积蓄,而且还要还贷款。要不,你再问问其他人,我也理理账,看能不能结些款回来。"

3. 转换话题

对方提出某项事情的请求,你却有意识地回避,把话题引到其他事情上。这样既不让对方感到难堪,又可逐步减弱对方的请求心理,达到婉转拒绝的目的。

4. 假托直言

某报社的推销员登门拜访,要求王鹏订阅他们发行的报纸,可王鹏不想订阅。于是,王鹏很有礼貌地说:"谢谢。你们的服务很周到,可是我家已经订阅了其他几家报社的报纸了,真不好意思。"

像这种采取假借的方式，以非个人因素作为借口而拒绝别人的方法，就是假托直言。

"直言"是对人信任的表现，也表示与对方关系不若常人。

5. 装聋作哑

1945年7月，苏、美、英三国领袖在波茨坦举行会谈。一次在会议休息时，时任美国总统杜鲁门对斯大林说，美国已研制出一种威力强大的炸弹。这是用暗示的方式来试探斯大林对原子弹所持的态度。斯大林就像没有听见一样，既没有露出丝毫的惊讶，也没有做出任何回答，以至许多人回忆说，斯大林好像有点聋，没有听清楚。其实，斯大林听得清清楚楚，会后他告诉莫洛托夫说："应该加快我们研发工作的进展。"四年后，苏联成功地爆炸了第一颗原子弹，打破了美国对世界的核垄断局面。

在对方提出问题时佯装没有听见，当然就用不着回答。

6. 以情感人

某电台"年轻人信箱"的广播节目主持人曾收到三位年轻听众的来信，说因为他们听了节目主持人优美动听的声音，很想见节目主持人一面，但知道这不可能，所以希望能得到节目主持人的照片。节目主持人理解听众的心情，说了这样的话："三位听众朋友，首先，我非常感谢你们的好意。你们也许听过这句格言'知人知面难知心',看来,交朋友最难的是交心,那么,还是让我们做知心朋友吧。"

可以想象,这三位听众听后一定会感到十分欣慰。

7. 引荐别人,转移目标

对于别人的请求,不妨实事求是地讲清自己的困难,同时热心地介绍能为其提供帮助的人。这样,对方不仅不会因为你的拒绝而失望、生气,反而会对你的关心、帮助表示感谢。

蔡老师是五年级一班的班主任,她的独生子今年中考,负担挺重,恰巧班上新转来一名学生,课程落下一段,学生家长很信任蔡老师,想请蔡老师为孩子补补课。蔡老师抽不出空,很不好意思。她对家长说:"真对不起,我实在挤不出时间。这样吧,我有个小侄女刚毕业分到某小学工作,让她帮忙补一补可以吗?"家长听了非常高兴。

8. 缓兵之计

对方提出请求后,不必当场拒绝,可以采取拖延的办法。你可以说:"让我再考虑一下,明天答复你。"这样,既为自己赢得了考虑的时间,又使对方认为你对待这件事很认真。

吴晓灵一心想当一名记者,于是想从学校调到某报社工作。她找到了她小学老师的丈夫——某报社的李总编,李总编知道报社现在严重超编,但又不好直接拒绝,于是对吴晓灵说:"刚刚超编进来一批毕业生,短期内社里不会研究进人的问题了,过一段时间再说吧。"

李总编没说这事绝对不行,而是以条件不利为理由,虽然没有拒绝,但为后来的拒绝埋下了伏笔。

9. 诙谐幽默

一次,某市要举办歌唱比赛,一个社会声誉不太好、根本不懂艺术的民营企业家找到比赛主持人说:"我赞助1万元,你安排我当个评委怎样?"

比赛主持人拍了拍对方的肩膀说:"老兄,你钱多得没处花了吗?这1万元扔在这个比赛上,不如扔到河里,还能看到个涟漪呢。"

这是在对方提出要求后,机智地以诙谐幽默、插科打诨的话语,避开问题焦点的回答,巧妙地拒绝了对方提出的要求。

拒绝时,还应该注意以下几个方面:

当遇到敏感的问题或难作出承诺的要求时,除了向对方诚恳地表示尊重、理解和同情之外,还要沉着冷静,绝对不要焦躁。对于无理的要求或挑衅的问题,既可主动出击,也可以防卫为主。也就是掌控局势,进可攻,退可守。

对于合情合理但目前还无法做到的要求,可以"拒此应彼"。就是在拒绝对方这个要求的同时,为了补偿他,减少他的遗憾和失望,可以真诚地为对方着想,提供一些意见,建议他改变方法或另作其他的打算等。

如果对方乐于接受你的说法,最好也及早向他说明你拒绝的原因,以便他另作安排、打算。如对方承受"逆境"的能力很差,猛然被拒,轻则可能痛苦不堪,重则可能失去理智,最好是用商量的方式委婉地告诉他,以拖延战术再加上旁敲侧击,逐步暗示对方,让他自己发现已被你拒绝了。

如对方是你的上级、长辈,与其让他一再催促你作出答复,不如你主动登门拜访说明原因,委婉拒绝,以免有失礼貌。如对方是你的下级、晚辈,即使所提的问题不便回答,所提的要求不合理,也不宜当众耻笑、训斥,而应耐心解释或暗示拒绝的原因。如对方对拒绝的理由仍存疑惑,还想纠缠你,不妨再加上一些"证据",让你拒绝他的理由更有可信度。

当然,你在拒绝的时候应该给予对方以希望。合理的要求,一时还不能解决,不妨如实告诉对方,经过努力,等一切条件都具备了,问题自然就会迎刃而解。事情若是经过他的努力便可以达成的,那你的拒绝也许会变成他进步的动力。但若事情受许多客观条件的限制,非他个人的努力所能改变的,那你也应该多给他点希望和鼓励,使他感到这件事虽无法完成,但工作还是有意义的,生活还是美好的,从而发现你那乐于助人的侠义心肠。

如果是实在不能接受的要求,那必须做到不迁就、不犹豫，坚决拒绝，言辞绝不含糊。切忌模棱两可，使对方产生误解，仍抱有不切实际的幻想。但是，口气要委婉。

拒绝时，应采用灵活多变的委婉方法，才能做到拒"事"不拒"人"。

03 美妙动听的逐客令

有朋友来访，促膝长谈，表达友情，交流思想，不仅是生活中的一大乐事，而且是人生道路上的一大益事。但现实生活中也有许多给我们带来不方便的不速之客。茶余饭后，你刚想静下心来读点书或是做点事，不料不请自来的客人扰得你心烦意乱。他东家长西家短，唠唠叨叨，没完没了，一再重复你毫无兴趣的话题，且越说越来劲。你勉强敷衍，心不在焉，焦急万分，真想对他下逐客令而又怕伤感情，难以启齿。如果你抱着"舍命陪君子"的心态，那么你的时间——世界上最宝贵的东西，就白白地被别人占去了。

对付这种饶舌常客最好的办法就是：运用高超的语言技巧，把逐客令说得美妙动听，这样你就能两全其美——既不挫伤朋友的自尊心，又为自己节省了宝贵的时间。下面的三种方法可供借鉴：

1. 用委婉的语言来提醒

暗示不速之客，主人并没有多余的时间跟他闲聊。跟冷酷无情的逐客令相比，这种方法更容易被对方接受。例如："今晚我有空，咱们好好畅谈。从明天开始我就要全力以赴准备材料，我争取这次能评上副教授。"这两句话的意思是：请你从明天起别再来打扰我了。

又如："最近我丈夫身体不适，吃过晚饭就想睡，咱们是否说话轻一点？"此话虽然用的是商量口气，但传递的信息十分明确：你的高谈阔论有碍男主人的休息，还是请你少光临为妙吧！

再如："这是我第一次发表的文章，请你指正。我想今后尽量多挤些时间写写东西，我还年轻，真想有所作为啊！"这番话似乎很尊重对方，但"请你指正"只是虚晃一枪，而"真想有所作为"的感叹却是在提醒对方：请你今后别再来纠缠不休了。

2. 写出你的愿望和要求

有些不速之客反应较迟钝，婉转的逐客令常常难以奏效。对这些人，不妨用张贴字条的方法代替直率的语言，表达使人一见就明的意思。影片《陈毅市长》里有一位著名的科学家在家里客厅的墙上贴上"闲谈不得超过3分钟"的字条以提醒来客。如果你张贴了类似字条,纯属"闲谈"的来访者就不好意思喋喋不休地说下去了。我们可根据具体情况贴一些如"孩子即将参加高考,请多关照""主人正在自学英语,请谅解"之类的字条,制造一种努力拼搏、惜时如金的氛围,使闲谈者望而却步。从常理上说,字条是写给所有的来客看的,并非针对某一位,因而不会使哪位来客有太多的难堪。当然,在不速之客知趣地告辞时,主人可送到门口并致意:"真抱歉,等这段时间过去,欢迎你常来。"

3. 用主动出击的姿态堵住爱聊天的常客登门来访之路

看准他一般是在每天何时到你家,你不妨在他来访之前一刻钟先"杀"上门去:"你多次来访,礼尚往来,我应回访你,否则太失礼了。"于是你由主人变成了客人,他则由客人变成了主人。这样,你就争得了掌握交谈时间的主动权,想何时回家,就何时告辞:"最近我有些急事要处理,改日再谈吧!"更重要的是,你上门去的次数一多,他就被你牢牢困在自己家里,原先每晚必上你家的行为定式就有望改变。过了一个阶段,你"班师回朝"之后,他很可能不再"重蹈覆辙"。以攻代守,先发制人,其实是特殊形式的逐客令。

必须注意的是,不管使用何种方法,主人都必须不失热情。不速之客一般是邻居、亲戚、同学、同事,主客之间相当熟悉，切忌用冷冰冰的表情和尖刻的语言伤害对方，也不宜用爱理不理、屡屡看表等方式表示厌烦之意，免得以后见面时尴尬。

04 婉拒邀请

在人与人之间的交往中，每个人都有邀请他人和被他人邀请的时候，你有权利邀请他人，同样，你也有权利对他人的邀请说"不"。但回绝他人时都会遇到一个难题，就是不想伤害别人的感情，但是却因为各种原因而不能接受他人的邀请，因此常常给自己带来许多烦恼。那么，要想摆脱这种烦恼，只有一种方法，就是在权衡利弊之后，果断地拒绝你本该拒绝的邀请。这就需要你掌握好拒绝的方法：

1. 笑着拒绝，不需要理由

笑一笑，说："不必了，谢谢你。"既然不欠别人什么，只要待他有礼貌就可以了。你没必要说明理由，除非你愿意那样做。

2. 直言不喜欢某种活动

虽然你对这个人感兴趣，但是不喜欢他提议的活动，那就直接告诉他。告诉他你喜欢什么，看他是不是也感兴趣。例如：肖丽与白兵在一次座谈会上相识，双方颇有好感。周末，肖丽邀白兵一起去听音乐会，可白兵对听音乐会不太热衷，于是对肖丽说："今天的天气这么好，我们到郊外玩好不好，那里空气清新，比在音乐厅里听音乐舒服多了。"肖丽一听说："好啊，那我们就去郊外玩吧！"这样肖丽一点也没有被拒绝的感受。

3. 在感谢中拒绝

你既不喜欢这个人，也不喜欢他提议的活动，但是，你却很感激他邀请你，那就把你的拒绝"夹杂"在对他的感谢中间。如果你想找点别的事情来搪塞，别人很容易识破你。但可这样说："其实能和你一起聊天，我很高兴，虽然我正急着要去洗热水浴。不过，我很感激你的邀请。"

4. 以某种行动拒绝

如果那人不理会你客气而又坚定的暗示，那就索性离去，找另一个人或另一群人。如果某人表现得很不得体，可是只要你一直站在那里和他说话，他就以为他可能会动摇你的决心。行动胜于言语，要相信你的早期预警系统，一旦感到不舒服，就尽快离开那个人，不要等出现了问题再动身。

5. 用推托表示拒绝

如果朋友邀你晚上看电影，而你不想同他交往，但理由又不能告诉他。你可以对他说："这部电影是新影片，我也很想看，可是明天要上课，我还有不少作业要做，电影只好割爱了，真对不起。"用其他的事推掉不愿意做的事是最常见的方式。

6. 立即答复，不要使对方对你抱有希望

要打消为避免直接拒绝而寻找脱身之计的念头。请不要说"我再想想看""我看看到时候行不行"等。明确地告诉对方："实在抱歉，这是不行的。"

如果你想避免生硬的拒绝，就提出一个反建议。

假如朋友打电话问道："今天晚上去跳舞吧。"你不想去，就可以说："哎呀，今天晚上可不行，改日我邀请你吧。"

不要以为每次都有必要说明理由。在很多时候，你只要简单地说一句"我实在有更要紧的事要做"，就可得到绝大多数人的谅解。

只要我们充分认识到过多参与不必要应酬的危害，知道自己在什么情况下该拒绝别人，并且在拒绝的时候采取正确的方法，我们就能因此节省大量的时间，而且不至于发生人

际关系方面的问题。

7. 稍微做一下考虑再回答

若是朋友邀请你："你下个月 3 号有没有时间？"若你马上拒绝地回答"那一天我已经预定有事了"，会令对方非常失望。即便你真的有事，也不应该毫不思索地抛下一句拒绝的话。如此会让对方感觉他拜托你的任何事，你都会立即一口回绝。你不妨换个口气讲，把回答的时间拉长，稍微做一下考虑，然后再对他说："到目前为止，还没有什么预定的事，但说不定那天乡下的亲戚会来找我。"稍微考虑一下时间，表示你重视他的邀请，只不过是因为不能确定，或者真正有事才不能去，如此对方知道你有接受他的诚意，即使被拒绝，也不会太伤心。

8. 拒绝邀请时，把不可能说在前头

刘先生好不容易下个礼拜六有空当，和太太约好去度假。客户却又邀约打高尔夫球。刘先生诚恳地回绝说："啊，真可惜。"接着他解释道："如果早一点通知我，也许还有办法……承蒙您的邀请，实在对不起。"

把自己已有约的意思传达给对方，然后在对方还想说明之前，立刻拒绝，在这个情况下，对方也不好再强求。

05 | 用错答拒绝陌生人

错答是一种机警的口头表达技巧,既可用于严肃的交际场合,也可以用于风趣的日常交际场合。它的主要特点是不正面回答问话,也不反唇相讥,而是用话岔开所问,做出与问话意思错位的回答。

一个美丽的姑娘独自坐在酒吧里,看来她一定出身豪门。一位青年男子走过来献殷勤:"这儿还有人坐吗?"他低声问。

"到阿芙达旅馆去?"她大声说。

"不,不,你弄错了。我只是问这儿有其他人坐吗?"

"您说今夜就去?"她尖声叫道,比刚才更激动。

这位青年男子被她弄得狼狈极了,红着脸到另一张桌子去了。许多顾客愤慨而轻蔑地看着这位青年男子。

这就是很典型的错答,是用来排斥对方和躲闪真实意思的交际手段，用得是很成功的。

运用错答的语言技巧，一是要注意对象和场合；二是使对方明白既是回答又不是回答，潜在语是不欢迎对方的问话；三是有时要利用问话的含混意思，答话虽模棱两可，似是而非，但对方也无法责怪。

第五章
善用批评和赞美，更受人欢迎

批评不见得就会得罪人，赞美也不见得一定受人欢迎。只有掌握其中的技巧，才能做到批评别人，别人心甘情愿去接受；赞美别人，正好是对方最爱听的话。

01 | 批评的方法

批评是生活中最难把握的一种表达方式,许多人都渴望掌握批评的技巧。在生活中,我们常常会看到一些人在公众场合,得理不饶人、居高临下地指责、批评对方,一定要让对方承认自己的观点正确,其实这样的批评方式往往会事与愿违。

要想正确地掌握批评的方法,需要注意两个方面:

1. 要注意批评的态度和语言

批评人时要心平气和,做到诚恳、认真、冷静、耐心,不能急躁,不能怨恨,更不能存心找麻烦。要使用一种温和的语言及有效去除僵硬与冷淡的方式。当你心中愤怒、埋怨、焦虑,并想责怪对方时,最好先克制一下情绪,整理一下思路,甚至可以先听听音乐、散散步、看会儿电视,等冷静时再批评。在批评时，最好先适当地表扬对方，通过提及对方的好，而使对方认为自己并非全都不对，从而改善气氛，以保护他们的自尊，使他们心甘情愿地去改进。

2. 因人而异，对症下药

批评他人要注意根据不同对象采取不同的方法和语气。对长辈和上级，要巧妙地提醒，声东击西，含蓄委婉；对中年人，要旁敲侧击，点到即止；对年轻人，要语重心长，寄予希望；对那些"老虎屁股摸不得"的不讲理者，要理直气壮，以正压邪，在严厉批评之后再辅以耐心地说服。

总之，批评的方法要以教育为主，用事实教育人，用道理开导人，用后果提醒人，从而达到使对方心悦诚服地改正错误的目的。

02 | 责骂之后，巧妙处理

有"经营之神"称号的松下幸之助，是以用人的技巧而知名于世的。他责骂部下的方式就非常巧妙，此中的"巧妙"即责骂后的处理方式。

三洋电器的前副董事长后藤清一在任职松下公司时，因犯了一个小错误而惹怒了松下。当他走进松下的办公室，只见他正拿着一把火钳气急败坏地敲打着桌面，而此后后藤清一更是被骂得不是滋味。后藤正要悻悻离去时，松下突然说道："等等，刚才因为我太生气了，不小心把这把火钳弄坏了，麻烦你把它弄直好吗？"

后藤无奈，只好拿了把铁锤拼命敲打，而他的心情也随着敲打声渐趋平稳。当他拿着敲直的火钳交给松下时，松下说："比原来的还好，你真不错！"然后就高兴地笑了。

责骂过后，反以题外的话来称赞对方，是很容易消除对方的不满的。更精彩的还在后头。事情发生不久，松下就给后藤的妻子打电话说："今天你先生回去时，可能脸色会很难看，希望你能好好照顾他。"

本来一个人在受到上司的责备后，便想立即辞职不干了，但松下的做法，反而使后藤感动得五体投地，决心效忠于公司。

责骂往往会引起别人的反感，而骂人的一方在骂过后，紧张的情绪就会慢慢消失，待理性恢复后，就有后悔的感觉。明知会有这种反应，但如果不予责骂就是姑息别人，事情便不会有所改进。所以责骂归责骂，只是在责骂后你要使对方了解"并不是你对他失去信赖"，这才是最重要的，而这就完全在于责骂后的处理方式了。

松下的赞许和关心就属于这种类型。他用间接方式透露一些情况（后藤心情不好）给第三者（后藤的妻子），更是他独到的技巧。因为他知道这位第三者一定会透露给对方，对方自然会想到"原来董事长对我是爱之深，责之切"。如此不但不会令对方反感，反而会心生感激，更愿为他效力。所以说责骂是必要的，但重要的是责骂后的处理方式。我们不妨学习松下这种与人沟通的方法，在责骂别人的情形下也能实现和谐与双赢。

03 | 指桑骂槐，强权之下巧说话

"指桑骂槐"是三十六计中的一计，原来的解释是"大凌小者，警以诱之，刚中而应，行险而顺"。现在则多用来形容不直接表达某一意图、意见、见解，而是拐弯抹角、言此及彼、指东说西、打牛射马地发牢骚，也就是表面上骂的是这个人或事，其实却在骂另外一个人或事。

明宪宗时，太监汪直弄权，气焰不可一世。他私兴大狱、无恶不作，而手下的两名爪牙王越和陈钺，分居文武要职，更是狼狈为奸。一时朝政日非，路人侧目，敢怒而不敢言，可宪宗却被蒙在鼓里，对此毫无所知。

有一位太监名叫阿丑，他多才多艺，言语诙谐，富有正义感，很得宪宗喜爱。有一次，宪宗要大家演戏娱乐，阿丑故意挑选了一出"醉酒"的戏。他一出场，就左斜右倾地作醉酒

第五章 善用批评和赞美，更受人欢迎

状，并且胡言乱语、开口骂人，却又妙语如珠、诙谐百出。

此时，扮演路人的人一出场，就向阿丑作一怪状，然后大喝一声："大官出巡，肃静回避！"阿丑似聋子，不肃静也不回避，还指手画脚地骂："什么大官小官，黑猫白猫，你行你的阳关道，我过我的独木桥。老爷在此饮酒，你还不绕道滚蛋？"那人无奈，把头皮抓了抓，佯装想办法。过一会儿，他又大声喝道："圣上驾到！"阿丑依然不为所动，喃喃醉语说："圣上还在睡梦中呢。圣上比我还醉！"那人看到两次都吓不倒阿丑，忽又眉头一皱，计上心来。他再一声大叫："汪总管到！"这下，阿丑可不同了。他面露惊惶，立刻俯伏在地，口称："死罪死罪！"那人得意地哈哈大笑，而阿丑抬头一看，原来是被人玩弄了，于是袖子一拂，爬了起来，骂道："浑蛋！"

那人问他："阿丑，我刚才喊圣上驾到，你毫不害怕。为什么一听到汪总管到就怕得要命，甚至还趴在地上呢？"阿丑立即回答道："我心中只知道有一位汪总管，哪知道有皇上呢？"宪宗看到这里，十分不高兴。继而一想，又觉得阿丑话中有话，从此便开始注意汪直，渐渐疏远了他。

第二次，宪宗又要看戏时，阿丑却演起武术来。他手持双斧，在舞台上耍起了功夫，然后唱起了霸腔："本英雄汪某是也，东拿西抢，横行天下，战无不胜，贪无不得，全靠这两个板斧！好不厉害也，左手一扬，日月无光，右手一挥，

人头落地,管他血流成河,本英雄正好中流击楫,任他尸横遍野,我正好横槊赋诗。"阿丑在台上如此耀武扬威,引得众人一番拍手叫好,都纷纷问他:"汪勇士,你说这双斧如何不得了,那究竟这两个家伙叫什么名字?"阿丑唱答:"两对活宝是冤家,杀人放火天不怕,狼狈为奸谁敢问,横行霸道问你怕不怕!此家伙,王越、陈钺是也!"

这时,宪宗虽然看得好笑,心中却更加明白阿丑话中所指。于是,等御史徐镛上疏奏劾汪直时,宪宗便立即将汪直流放边疆,并将其党羽一网打尽。

指桑骂槐,往往可以起到含沙射影的作用。这种策略将真正的意图隐藏在表象背后,在引起他人深思的同时,体现了说话者卓尔不群的风度。

04 | 善意地批评

其实并非所有的批评都是带有恶意的。俗话说"打是亲，骂是爱"，只有真正关心你的人才会给你批评和意见。然而，相同的意思，倘若使用一定的表达技巧，即使是批评他人的话，也会让对方听得心悦诚服。

比如，有些做了错事的人，他们心里对自己的行为感到非常惭愧，时时刻刻都受到良心的谴责。此时你若不能用体谅他的方式，反而一本正经地指责他的错误，那么，会使他产生什么样的心态呢？

即使第三者是出于好意，但方式让对方无法接受，对方也有可能非但不改过，反而会变本加厉。所以，这种批评方式，一开始就埋下了失败的种子。

某公司一位职员经常迟到，上司若是当面对他说："你到底打算怎样？公司并不是你一个人的，想怎么做就怎么做，你这种行为根本无视公司的规定，你自己好好反省反省吧。"

与其这么说，倒不如抓住对方的"良心"说："我想你内心必定也认为迟到是不对的，若是你能坚持这样正确的看法，相信在不久的将来，你也能发觉员工准时上班的乐趣。"这样的说法应更能让他接受。

如果你的言语刺伤了他人，即使说得再多，他也会无动于衷；相反，你若能肯定对方，之后再说出自己的意见，那将比任何威胁都来得有效。

让对方接受你的劝解，不妨用"我想你内心也必定这样想"这句话来做开场白。

我们在工作时难免会接触到不认识的人，此时最感困难的就是不知对方的为人、他的工作态度又是如何等，这对工作的进度有很大的影响。

此时你若能以和缓的语气说出不会让对方认为是严厉的指责，便很容易使对方接受。譬如："你的心地太善良了，所以时常吃亏。"

虽然你意在指正他的缺点——怎么不懂沟通，让别人拖延了你的工作进度，但对方听来似在夸赞他的优点。或是说"你做事太过于慎重"，其实你是想劝他别太较真，不是事事都能完美。这些话即便是对交情未深的人说，对方都会这样想,"这人虽与我刚认识,但对我却真是观察入微",自然而然就拉近了人与人之间的距离。

而这也是彼此产生信赖感的第一步。一般人或许常赞美他,但也不过是普通奉承而已,而这里说的虽是指出缺点,但却能让人乐意地接受,这对增进彼此的关系有莫大的帮助。所以,说话的技巧是相当重要的。

对方若是听惯奉承话的人,就偶尔给他来个轻微而带有称赞意味的批评,效果也许会意想不到的好。

05 | 赞美的艺术

赞美别人,就像是用一支火把温暖了别人的心,不仅赞美了对方的美德,还能让彼此之间产生良好的互动关系。赞美是一件好事,但绝不是一件容易的事情。赞美别人时如不能掌握赞美的技巧,即使你是真诚的,也会让好事变为坏事。

1. 赞美要看对象,注意赞美的内容

在爱漂亮的女孩子面前,你就赞美她的打扮;对有小孩的母亲,赞美她的小孩聪明可爱准没错;对于热爱工作的女孩子,你除了赞美她的外表之外,还可以赞美她优秀的工作成绩;至于男人,最好从工作下手,你可称赞他的能力。

赞美要看对象,人的气质有好坏之分,年纪有长幼之别,因人而异,突出个人独特的性情,这种有特点的赞美比一般普通的赞美能收到更好的效果。称赞别人,要尽可能具体些。

对于任何一个人,最值得赞美的,不是他身上早已众所周知的优点,而应是那些藏在他身上尚未让人发现的优点。这种赞美,不但会让他觉得惊讶,也许还会因为你的一句话,让他发觉自己深藏的潜力,从而改变他的人生际遇。

2. 要多赞美小人物

俗话说"患难见真情",最需要赞美的不是那些早已功成名就的人,而是那些因为被埋没而产生自卑心理或身处逆境的人。他们平时很难听到一句赞美自己的话语,一旦被人当众真诚地赞美,便有可能恢复自信进而振作起精神,成就一番事业。因此,最有建设性的赞美不是锦上添花,而是雪中送炭。

通过第三者的赞美更能打动人心。许多赞美的话由他人口中传来,心中的确十分喜悦,而经由长辈和上司口中传来的赞美,更是让当事者除了感到喜悦之外,还有一种骄傲与感动。虽然做事并不是为了得到别人的好评,但如果你的成功能得到别人的肯定,连自己所敬重的人也深表赞同,那么这些肯定和赞同定会使你更进取、更努力。

但赞美绝不是越多越好,这就应记住一句古语:过犹不及。因为,赞美只是拉近人们距离的一种手段,而不是维持人际关系的最终目的。因此,赞美的话不能滥用,应点到为止,而后要在和谐的气氛中,迅速转入谈话的主题,赞美只是"开场白"罢了。

3. 赞美要自然真诚

虽然人们都喜欢听赞美自己的话，但并非任何赞美都能使对方高兴。能让对方有好感的只能是那些确为事实并发自内心的赞美。相反，你若无凭无据、虚情假意地赞美别人，他不仅会感到莫名其妙，更会觉得你油嘴滑舌、虚伪做作。

真诚的赞美是发自内心的，它是把对方的优点"秀"出来并由衷地赞赏，所赞美的内容的确是事实，而不是虚假的。赞美的语气通常亲切自然，感情真挚，使人感到情真意切。如果赞美他人时，挂着一副冷冰冰的脸孔或用满嘴讪笑的口吻，那么，对方八成会认为你虚情假意、别有用心，完全是在耍弄他。这样的赞美就变了味，反而和讽刺没两样。

当你见到一位外貌普通的姑娘时，却偏要对她说："你真是美极了。"对方立刻会认为你很虚伪，尽说些违心的话。但如果你真诚地赞美她的服饰、谈吐、举止等，她一定会十分高兴地接受。

对亲朋好友的赞美，当然是出于善意的鼓励，但往往不自觉地会带有偏爱或捧场的成分。你可以态度更热情，语气更热烈，但对人对事的评价不能脱离客观的角度，措辞也应当有一定的分寸。

06 "拍马屁"也有诀窍

人际交往中,许多人常常爱用恭维的言语,这就是所谓的"敬语"。的确,恭维适当,是很能取悦人的。恭维的话人人爱听,你对人说恭维话,如果恰如其分,他一定十分高兴,对你产生好感。越是傲慢的人,越爱听恭维话,越喜欢受人恭维。有人义正词严,说自己不爱听恭维,愿意接受批评,这是他的门面话。你如果信以为真,毫不客气地直言批评,他虽表面上未必有所表示,内心却是十分不悦,对于你的好感,只会降低,决不会增加。

这种恭维的语言,对人际沟通、维系良好的关系会产生重要的作用,是调整心灵的润滑剂。善说恭维话,别人听了舒服,而且自己也不降低身份。所以,说恭维话是与人沟通的一门重要功课。

曾在背水一战中大出风头的韩信，年轻时却受过胯下之辱。后来，韩信追随汉高祖刘邦，屡建奇功，于是有人断言："如果汉高祖没有韩信，根本无法完成统一天下的霸业。"因此，后来汉高祖对韩信日益强大的力量畏惧了，于是有意寻找借口，以企图谋反的罪名，要把韩信捕而杀之。

此时，韩信并不为自己辩护，只是说："果然像人家预料的那样：'狡兔死，走狗烹；飞鸟尽，良弓藏；敌国破，谋臣亡。'我韩信只有被烹、被杀了！"

刘邦听了，也觉得韩信乃开国第一功臣，不能要杀便杀，便将他贬王为侯，暂且搁置，以观后效。

韩信受此打击之后，心怀忧愤，整天过着不愉快的日子。就在这时，久未谋面的刘邦和韩信终于有了一次见面谈话的机会。韩信本善于恭维，便抓住这个机会，适时适事地把刘邦恭维了一番，产生了很好的效果。

两人的话题是从评论将士开始的，但各持的见解不同。刘邦问韩信："你看我有统率几万大军的能力呢？"

韩信答："陛下最多只能统率10万左右的大军吧！"

刘邦又问："那么，你呢？"

韩信一笑："在下当然是多多益善！"

刘邦也笑着问："那你又为什么被我所用呢？"

这时，韩信开始巧妙地恭维了："陛下虽然没有'将兵'的才能，却具有'将将'的才能。在下之所以被陛下所用，道理也在于此。而且陛下的那种本能是天生的，不是普通人所能具有的。"

当时刘邦被恭维得浑身通泰，至于他到底如何作答，史书未作记载，但由后来韩信复出就可想而知了。

你在生活或工作中也可以恭维别人，但怎样才能恰如其分地恭维呢？

每个人都有希望，年轻人寄希望于自身，老年人寄希望于子孙。年轻人自以为前途无量，你如果举出几点，证明他的将来大有成就，他一定十分高兴，视你为知己。你如果称赞他父母如何了不起，他未必感到高兴，至少你要说他是将门之后、虎父无犬子，把他与他的父母一齐称赞，才合他的胃口。

但是老年人则不然。他自己历尽沧桑，几十年的光阴，并未达到他预期的目标，对于自己，已不再十分自信，不再有十分希望，他所希望的，是他的子孙。你如果说他的儿子无论学识、能力都胜过他，真是个难得的人才，虽然你是抑父扬子，他不但不会责怪你，反而十分感激你，口上连说"未必，未必，过奖了"。他的内心，却认为你是慧眼识英雄呢。

对于商人，你如果说他学问好、道德好、清廉自守、乐道安贫，他一定是无动于衷。你应该说他才能出众、手腕灵活，现在红光满面，发财即在目前，他才听得高兴。

对于文人，你如果说他学有根底、笔下生花、思想正确、宁静淡泊,他听了一定高兴。

别人做什么职业,你就说什么恭维话。了解对方的职业再说恭维话,这是应该特别注意的要诀。这样做,能为你与人良好的沟通打下坚实的基础。

需要注意的是,恭维也要拿捏有度。令人感到见外的恭维话,不仅会在无意中将彼此的距离拉开,更有防范他人侵犯的意味。如果反复滥用或过度恭维,就会显得肉麻。如果言不由衷,那就会收到相反的效果。

第六章
把话说到点子上，
让对方把你当知己

打动人心的几句话，胜过唾沫横飞半小时。重点在于能不能把话说到点子上，让别人觉得你是自己人。说得到位，无论和谁聊天都能畅谈无阻。

01 | 第一次就聊出好印象

有些人十分善于与他人交谈，即使对方是初次见面或不善言辞的人，他们也能和其聊得十分愉快，这是因为他们对于身边的事物，即使是谈话对象的服装都会仔细观察，所以遇到不知该说什么时，他们也会立刻说"你的领带很特别"或是"这发型真适合你"等，如此一来，就可免除无话可说的尴尬场面。

如果初次的会面因谈话主题结束，或是话不投机导致双方的谈话突然中断，此时你可以利用身边的事物作为话题，例如"你这手表的造型好特别"等，类似这种较为轻松的话题，通常能引起对方的谈话兴致，也许对方因此就会回答你："是啊！这是我上次出国旅游买的，那次旅游收获真多……"紧接着，你们双方的话题便又自然展开了。实际上，我们在与人交谈时很容易挖掘不同的话题，例如"你家小狗好聪明哦！"或是"这地方的摆设真别致！"只要你多用心观察，就会发现身边的一草一木都可成为话题的素材，而这类话题不但轻松自然，还能拉近你与对方的距离，增进彼此的亲切感。

当我们在与他人交谈时，要避免尴尬场面的出现并不需要高深的说话技巧，只要你在行为与反应上稍加留意，并让对方感受到亲切就可以了。比方说，你可以在交谈时用眼睛直视对方，并在适当的时机以点头或微笑表示赞同，或者在一开始交谈时便稍微倾身向前，表示你十分关注对方所说的话。类似这些细微的动作只要稍微注意，就能使对方更有兴致和你继续谈话。此外，有一点必须注意的是，当你以眼睛直视对方或是倾身表示关注时，务必适度，否则会使对方产生压力而适得其反。

如果我们想与第一次见面的人迅速建立起良好的谈话关系，找出愉快的话题也是方法之一，因为没有人会喜欢闷闷不乐的人，也没有人想听你诉说悲苦的际遇。要是你时常会说"这个世界会破灭"或"我经历过很多令人难忘的痛苦"，你就要多加注意了，通常悲观的人无法获得良好的人际关系！如果你真有一些烦恼，希望别人给予帮助，你应该将这些需求告诉值得你信赖的人，或者是去找寻心理医生，千万不要逢人就开始倾倒自己心中的垃圾，这样不仅无法引起对方的同情，还会徒增对方的反感。

有一位黄先生，个性懦弱、想法悲观，每当他有心事时，必定会马上找人诉苦，加上他在大学时代曾经有过一段失败的恋情，而这件事一直放在他心底，所以每每当他与人聊天时，他都会哀怨地向对方诉说自己的心酸。为此，几乎所有与他交往的人都抱怨："和他谈话真累！每回他都要讲他大学时代如何认识某人、如何伤心地分手，我连一句话也插不上，只好假装十分同情，耐心地等他说完。"

由此可知，你在与尚未熟识的人说话时，最好选择较为轻松愉快的话题，尽量不要提及个人过去的不愉快经历，以免让对方觉得沉闷、无聊，或是不知如何加以响应。

我们应该知道刻意奉承和谄媚的话，听起来或许能令人飘飘然，但实际上却是华而不实，因为这种话不是发自内心的、真诚的，只会给人夸张、不切实际的感觉。比方你有一套穿起来显得老气的西装，你个人虽然并不喜欢，但是因为某些原因而不得不穿上它，结果别人却对你说"你今天真帅气，这衣服真适合你"，相信你听了之后，心中一定感到不是滋味。可见每个人虽然都喜欢听好听话，也乐于得到他人的赞美，但是真正从心底说出来的话，总是要比拍马屁的话要更容易让人接受。

当谈话结束，准备与对方告别时，如果你能带着期待再见的语气和态度，往往会使对方在离别之后会想到你，也会希望能有机会再和你见面。因此如果在分别时，你能很诚恳地与对方说:"虽然今天是第一次见面,但是我却感觉相谈甚欢,就好像是与多年的老友重逢一般,很希望下次有机会能再和你聊天。"或是说:"今天真是愉快,我真希望下次的聚会能赶快到来。"即使对方是初次认识的人,也会因期盼下次的见面而对你印象深刻。

02 赢得好感的说话技巧

怎样说话容易赢得别人的好感呢？

1. 多提一些善意的建议

当他人关心自己时，只要这份关心不会伤到自己，一般人往往不会拒绝。尤其是满足自尊心的关怀，往往能立即转化为对关怀者的好感。

满足他人自尊心，最佳的方法就是善意的建议。对方是女性时，仅说"你的发型很美"，只不过是句单纯的赞美词；若是说"稍微剪短点，看起来会更可爱"，对方定能感受到言者对自己的关心。若是能不断地表示出此种关心，对方对你必然更加亲切信任。

2. 偶尔暴露自己一两个小缺点

当然，偶尔暴露一下自己的缺点并不是毫无保留地将所有的缺点都暴露出来。

暴露的缺点只要一两个就可以了，可使他人难以将这一两个缺点和其他部分联想在一起，因而产生其他部分毫无缺点的感觉。"这个人有点小缺点，但是其他方面挑不出毛病来，是个相当不错的人！"类似上述的想法就能深深植入他人的心中。

3. 要记住对方所说的话

记住对方说过的话，事后再提出来做话题，也是表示关心的做法之一。尤其是兴趣、嗜好、梦想等事，对对方来说，是最重要、最有趣的事情，一旦提出来作为话题，对方一定会觉得很愉快。在面试时，不妨引用主考官说过的话，定能使主考官对你另眼相看。

4. 呼叫对方名字

欧美人在说话时，常说"来杯咖啡好吗？史密斯先生""关于这一点，你的想法如何？史密斯先生"，频频将对方的名字挂在嘴边。令人很不可思议的是，此种做法往往使对方产生一种亲密感，宛如彼此早已相交多年。其中一个原因就是，他感受到对方已经认可自己了。

不过，需要注意的是，在我们的社会里，晚辈直接称呼长辈的名字，是种不礼貌的行为，但我们可以用敬称称呼对方。

或许有些人会认为此种做法太过于功利主义，事实绝非如此。此种做法的确出于对对方的关心，而去收集种种的"情报"。借着经常保持此种姿态，必然可将一般通用的话题转化为自己控制的话题。换句话说，以长远的目标来衡量，此种做法能成为表现自我的有力武器，延续对方对自己的好感和信任。

03 | 用情感同理赢得他人认同

所谓同理,即是运用心理学中"情感共鸣"的原则所归纳出来的一种说服他人的方法,一般可分为四个阶段:导入阶段,即心理接触的初级阶段;转接阶段,即心理接触的中级阶段;正题阶段,即心理接触的高级阶段;最后便是结束阶段。此类说服法常用于和你不熟悉的人,或是持对立情绪的对象。

有位老师担任某个放牛班的班导师。在开学的第一天,他就亲切地对同学们说:"有人说我们是放牛班、垃圾班,这是没有道理的,就拿体育成绩来说,我们班不但不是垃圾班,而且可以成为优等班!"

短短一席话,使得同学们从低落的情绪中振奋起来,并从自卑感中树立起信心。而何以会产生如此大的效果?原因不仅是这位老师的话充满信任和鼓励,更重要的是,这位老师在见面的第一天,就把自己置于这个被人瞧不起的团体之中,他左一句"我们",右一句"我们",让这些内心充满自卑感的学生,感受到了他的温暖和亲情。因为心理上的接触和情感上的同理心,使得这位老师的一番话,能对学生们有莫大的鼓舞作用。

人与人之间,很难在初次认识时就产生共鸣,往往需要先引起对方想与你交谈的兴趣,并在经过一番深入对谈后,才能让彼此更加了解。而当你想尝试说服他人,或是对他人有所请求时,这样的论点也同样适用。你不妨先避开对方的忌讳,从对方感兴趣的话题谈起,而且不要太早暴露自己的意图,等到对方一步步地赞同你的想法后,他们已是不自觉地认同你的观点了。

伽利略在年轻时,就立志要在科学研究方面有所成就,因此他希望得到父亲的支持和帮助。某天,他对父亲说:"父亲,我想问你一件事,是什么促成了您与母亲的婚事?"

父亲说:"因为你的母亲十分吸引我。"

伽利略又问:"那您有没有娶过别的女人?"

父亲说:"没有,孩子。家人曾经要我娶一位富有的女士,可是我只钟情于你母亲,而且她从前可是一位风姿绰约、令人倾慕不已的女孩。"

伽利略说:"您说得一点也没错,她现在依然风韵犹存,

第六章 把话说到点子上,让对方把你当知己

而您不曾娶过别的女人,因为您爱的是她。可是您知道吗?我现在也面临同样的处境!除了科学以外,我不可能选择别的职业,因为我喜爱的正是科学,其他事物对我而言,都是毫无用途与吸引力!难道我要去追求财富或是荣誉?科学是我唯一的需要,甚至我对它的爱,就犹如对一位美貌女孩的倾慕。"

父亲说:"像倾慕女孩那样?你怎么会这样说呢?"

伽利略说:"一点也没错!亲爱的父亲,我已经18岁了!别的学生,哪怕是最穷的学生也都已想到自己的婚事,可是我却从没想过,因为别人都想寻求一位可人的女孩当终身伴侣,我却只愿与科学为伴。"

父亲始终没有说话,只是静静听着。

伽利略继续说:"亲爱的父亲,您有才干但没有力量,可是我的未来却能兼而有之,为什么您不能帮助我实现自己的愿望呢?我一定会成为一位杰出的学者,并且获得教授身份,如此,我将因有科学的存在而比别人生活得更好。"

父亲为难地说:"可是我没有钱供你上学。"

伽利略激动地说:"父亲,您听我说,很多穷学生都能领取奖学金,这些钱是公爵府给的,我为什么不能去领一份奖学金呢?您在佛罗伦萨有许多朋友,交情也都不错,他们一定会尽力帮助您的,也许您能到公爵府去处理这件事,我们只需要请他们去问问公爵的老师奥斯蒂罗利希就行了,他了

解我，知道我的能力！"

父亲被说动了："嗯，你说得有理，这是个好主意。"

伽利略抓住父亲的手，开心地说："父亲，求您尽力而为，而我向您表示感激的唯一方式，就是我保证自己将来必定会成为一个伟大的科学家！"

伽利略最后终于说服了父亲，进而实现了自己的理想与抱负，日后更是成为一位世界闻名的科学家。

这便是一个有效运用情感同理法的例子。熟练掌握情感同理法，会使你在与人交谈的过程中，轻易地抓住对方的心，使你们的谈话顺利进行下去。

04 | 语出奇兵，攻心为上

兵法上讲"心战为上，兵战为下"，意思是攻心才是真正的上策。论辩犹如用兵，也要注重心理战术。"攻心为上"，也就是说，在论辩中要揣度对方心理，并且注意论辩对策的合理性和合意性，使得对方的心理发生变化，进而成功地瓦解对方的斗志。

第二次世界大战时，丘吉尔于1941年的圣诞节前夕到达美国，希望能说服美国和英国联盟，立即对德宣战，以缓解英国当时所面临的危机。可是，由于不少美国人对英国人没有好感，反对美国介入英德战争，因此丘吉尔的说服任务颇具困难。然而，丘吉尔不愧是著名的论辩家，他在进行说服沟通时，十分注意攻心技巧的运用，不仅用情感来打动美国人民的心，还化解了对立的情绪，使美国人民愿意支持美国政府援助英国对德作战。

丘吉尔发表演说时,说道:

"我远离祖国,远离家园,到这里度过一年一度的佳节,但我并不觉得寂寞孤独。或许是因为我母亲的血缘关系,或许是因为我在这里得到了许多的友谊,以至于我根本不觉得自己是个外来者。

"由于我们的人民和你们说着同样的语言,有着同样的宗教信仰,追求着同样的理想,因此我感受到的是一种和谐、亲密无间的气氛。而此时此刻,在一片战争的混乱中,每一颗宽容无私的心灵都应得到灵魂的平安。因此,至少让我们在今晚能把困扰我们的各种担心和危险搁置一边,在这充满风暴的世界中,为我们的孩子准备一个幸福的夜晚。那么,今晚的此时此刻,我们希望使用英语交谈的每个家庭,都像是一个有阳光普照、既幸福又和平的小岛。"

丘吉尔从两国人民之间共同的语言、宗教信仰、理想及长期的友谊切入,并将这些共同点作为彼此相信、相互了解的基础,直到引出希望使用英语交谈的家庭,都应过着一个和平安详的圣诞节的话语,打动了无数美国人的心,使得他们改变反战立场,转而支持与英国结盟。

林肯也善用攻心为上之术,他曾说:"不论人们如何仇视我,只要他们肯给我一个说话的机会,我就可以说服他们。"他之所以如此自信,就在于他能够将别人和自己的心理距离拉近，使之由仇视变为好感。而以下是他在竞选总统时的演说词：

"南伊利诺伊州的同乡们，肯塔基州的同乡们，密苏里州的同乡们，我听说在场的人群之中，有些人想和我为难，我实在不明白你们为什么要这样做？因为我也是一个和你们一样爽直的平民，那么为何我不能和你们一样拥有发表意见的权利呢？亲爱的朋友，我并不是来干涉你们的人，我也是你们之中的一分子！

"我生于肯塔基州，长于南伊利诺伊州，都是和你们一样从艰苦环境中生存过来的人，所以我了解南伊利诺伊州和肯塔基州的人。我也了解密苏里州的人，而你们也应更清楚地认识我，如果你们真的认识我了，你们就会了解我，知道我不会做不利于你们的事。所以同乡们，请让我们以友好的态度交往，而我立志做世上最谦和的人，绝不伤害任何人，也绝不干涉任何人。因此，我现在对你们诚恳要求，请求你们允许我说几句话。你们都是勇敢而豪爽的人，我想这一点要求，必定不会遭到拒绝。那么，现在让我们诚恳地讨论一个严重的问题吧……"

攻心为上技巧的运用，在林肯竞选总统成功的过程中，扮演着很重要的角色。他以朴实而富有情感的话语，击败了用语华美、口若悬河的对手道格拉斯，赢得了众多选民的心。而以前竭力反对他的那些选民，在听了他的竞选辩论后，也为其真情实意所感动，转而投给他认同与信赖的一票。

05 投其所好，出奇制胜

任何一个拜访过罗斯福总统的人，相信都会对他博大精深的学识钦佩万分。

"不论对方是个牛仔，是个驯马师，抑或是个政客、外交官，"曾拜访过他的贾马利·布瑞福先生说，"罗斯福总统都能跟他们谈得非常愉快。"

他是如何做到这一点的呢？答案很简单，每当罗斯福总统要接见某一个人的时候，他都会利用前一天的晚上，仔细地研读对方的个人资料，知道对方的兴趣。因为他深知要得人心，就得投其所好。

另一个例子，是一位从事童子军教育工作的爱德华·查利弗先生说的：

有一次，为了赞助一名童子军参加在欧洲举办的世界童子军大会，急需筹募一笔经费，于是我就前往当时美国一家数一数二的大公司，拜会其董事长，希望他能解囊相助，共襄盛举。在我拜会他之前，即曾听说他曾开过一张面额100万美金的支票，后来那张支票因故作废，他还特地把它装裱起来，挂在墙上留作纪念。所以当我一踏进他办公室之后，立即针对此事，要求参观一下他这张装裱起来的支票。我告诉他，我从未见过任何人开具过如此巨额的支票，很想见识见识，好回去说给我那些小童子军们听。他毫不犹豫地就答应了我的请求，并将当时开那张支票的情形，详细地解说给我听。

一听他说完那张支票的故事，我还未开口，那位董事长就主动问我："对了，你今天来找我，是为了什么事？"于是我才一五一十地说明来意。

出乎我意料之外，他非但答应我的要求，而且还答应赞助5个童子军去参加童子军大会，并要我亲自带队参加，他负责我们的全部开销，另外还亲笔写了封推荐函，要求他在欧洲分公司的主管，提供我们所需的一切服务。

查利弗先生并没一开始就提起他童子军的事，更没提到筹措基金的事，他提到的是他知道对方一定很感兴趣的事，结果呢？一见面就投其所好，引他打开话匣子，否则事情恐怕就没那么顺利了。

这套方法，在商场上也能出奇制胜。我们拿纽约一家著名的高级面包公司的例子来看看，就不难知道答案了。

该公司的创始人杜文诺,为了将其产品推销至纽约一家大旅馆,每周都打电话给该旅馆经理,持续了四年,从不间断,而且经常租用那家旅馆的房间,希望借此做成这笔生意,但结果还是失败了。

后来他阅读了一些有关处理人际关系的书,于是改变战略,决定先查出对方真正感兴趣的话题,再投其所好,制造接近对方的机会。后来发现该旅馆经理是全美餐旅业协会的会员,而且还因热心会务,当选为该协会的会长,不论该协会在何处举办义卖或召开会议,他都不辞辛苦地赶去参加。

后来杜文诺与他见面的时候,立即以此协会为主要话题,和他聊了起来,结果当然引起了他的兴趣。这位经理还热心地邀请他加入协会,成为他们的会员之一。当时,杜文诺从头到尾都未曾提到有关面包的事,但几天之后,那家旅馆的餐饮部负责人却打电话来,要杜文诺把面包样品和价目表送去给他们看看。

之前用打电话的方式和那位旅馆经理攀了4年的交情,却比不上投其所好的一席长谈。杜文诺当初若非不厌其烦地去调查他的兴趣所在,今天很可能仍旧一周一个电话,不得其门而入呢!

所以,对人说话,应该投其所好。能够投其所好,你的话才能在对方心中发生作用。例如,对方是个好名的人,但你并未清楚了解,偏偏对他说些有利可图的生意,即使你所

第六章
把话说到点子上，让对方把你当知己

讲的事，真有诱人的利润，且是笔十拿九稳的投资，他也不会对你的话产生兴趣，因为好名的人，并不见得好利，而你却偏与他谈利，话自然不会投机。

有一位富商原本是一个极为好利的人，如果有人向他建议致富的方法，他无不采纳，但到了晚年，他的好利竟变成好名。但这种心理上的转变，并没有人知道。这时有一个对于理财之道十分有心得的人，设法想与富商见面，好乘机提出他的理财计划，谁知道这富商听了，却丝毫不感兴趣。待他说完，富商只淡淡地回答说："我不要再发财了，正想谋求散财之道。"他一听，大感意外，只好垂头丧气地离开了。

其实得此结果，还算庆幸，有时对方会当你是个唯利是图的十足小人，心中万般瞧不起你，以后你再想亲近他，就难上加难了。

好利的人，根本看不起名。认为名是寒不可衣、饥不可食的东西，所以你若对投机商人，谈论如何发财，如何利用机会致富，他绝对是"虚心求教"，但倘若你和他谈如何享有盛名，他自然昏昏欲睡或顾左右而言他。

这两种人还不算难说。最难的，是表里不一的人，表面上是好名，骨子里是好利，试问对于这种人，你将如何和他谈话？对他讲如何享盛名吧，与他的内心相反，听了你的话，一味地说很好，而他的心里，却认为你是个不合时宜的书呆子，表面上表示敬重，实际上极力疏远。若对他讲如何获利吧，虽符合他的需要，却揭穿了他的假面具。他的假面具，一旦被你揭穿，总是不利，于是他对你作出一番申斥，认为言利乃有辱他的人格。其实对于你的建议，他心里欢喜不已，暗自采用你的建议，可却把你这个人说得一文不值。面对这种表里不一的伪君子，我们最好敬而远之。做人做事我们都要有自己的底线，同时也希望通过个人的人际交往传播正能量，还社会一片洁净的空气。

06 | 话出至诚，而入肺腑

"精诚所至，金石为开"，好口才的第一步就是要让人感觉到你的热心和诚意。如果你自己本身都意未明、情未动，言不由衷，又怎么能表情达意呢？如果说，诚意要求的是内容，那么热心要求的就是表达的态度，唯有"情自肺腑出，方能入肺腑"。

只有当你有深切的热诚时，才能唤起别人的热诚。因此，说话要有感而发，并能晓之以理、动之以情。当然，谈话内容要有真情实感，对谈话对象也要有真心实意，只要牢记这两点，我们说话时就不会故弄玄虚、无病呻吟，或空话连篇、胡编乱造。

一般而言，只要是真实可信的说话内容，加上热心诚恳的说话方式，在人际沟通上就能达到理想的效果。正如谚语所说：“有了巧舌加诚意，就能够用一根头发牵动一头大象。”事实上，热诚的具体表现是多方面的，其中之一就是对他人的尊重和说话时的礼貌。由于人与人相处时，除了道德和伦理上的意义之外，还有特殊的意义。而这种意义直接关系到自己或公司在大众心目中的形象和声誉，更与公共关系目标的实现紧密相关。因此，如果你身为公关或服务人员，就必须注重诚意的表达，同时要尊重对方。

有一位知名的企业家，一次代表公司与另一家公司洽谈合作业务。然而，他却在双方约定的时间过后才到来，并且一见面就一本正经地向对方说："我忙得不得了，所以我们长话短说，一会儿我还有事。"

这番话说得大错特错！因为这是公司与公司洽谈业务，而不是个人往来。商业上的正式公关活动中，不管公司规模大小，也不管知名度高低，地位都是平等的。而这位企业家的言谈举止，无疑在暗示对方：我是大企业的老板、大忙人，自然地位也高于你，我能来已经是给你面子了。这种狂妄自大的心态，毫无保留地表现在言语上，不但语气令人听了不舒服，用词也不当。类似"不得了""只能""很少"等自大型的修饰词，全都是为了炫耀自己、贬低别人，从根本上犯了人际交往的大忌。

再则，言行一致、真心诚意地为对方着想，这是热诚的另一种具体表现。反映在语言表达上，则是表意清晰、语气恳切，这自然容易为对方所接受。

在公关策略中，公关人员服务的对象是"任一不特定的大众"。从理论上讲，大众就是任何需要公关人员提供服务的人。因此，不管出现在公关人员面前的是群体还是个人，只要是他的顾客，就应对他们讲信用，并真心解决问题。

有一个平凡的业务员，在做了十几年的推销工作后，对长期以来强颜欢笑、编造假话、吹嘘商品等招揽顾客的做法感到十分厌恶。他觉得这是生活上的一种压力，为了摆脱这种压力，他决定要对人毫无所欺，从今以后向顾客讲真话，即使被解雇也在所不惜。意外的是，当他有了这个念头后，很快觉得心情轻松。

当天，当第一个顾客问他店中有没有一种可自由折叠、调节高度的桌子时，他就搬来桌子，如实地向顾客介绍。他说："老实说，这种桌子不怎么好，我们常常接受退货。"

顾客说："是吗？可到处都是这种桌子，我看它似乎挺实用的。"

业务员说："也许是吧。不过，据我看，这种桌子不一定能升降自如。您看，没错，它款式新，但结构有毛病。如果我隐瞒它的缺点，就等于是在欺骗您。"

客人追问："你说结构有毛病？"

业务员肯定地说："是的，它的结构过于复杂精巧，反而不够简便。"

这时，业务员走近桌子，用脚去踩脚踏板。本来要轻踩，但是他一脚狠狠踩下去，使桌面突然向上撑起，撞到顾客的下巴。业务员急忙道歉："对不起，我不是故意的。"

没想到客人反而笑起来，说："很好，不过我还要仔细看看。"

业务员说："没关系，买东西如果不精心挑选，会很容易吃亏。您看看这桌子的木料，品质并非上乘，贴面胶合也很差。坦白地说，我劝您还是别买这种桌子，不如到其他家具店看看，说不定那边的东西要好得多。"

客人听完这番话，十分开心，要求买下这张桌子，并马上取货。但是，等到这位顾客一走，业务员就立即遭受到主管的训斥，同时被告知到人事部办理离职手续。过了一个小时，业务员正整理东西，准备打包回家时，店内突然来了一群人，争相购买多用桌，几十张桌子一下子就被人买走了。

事实上，这些人全是刚才那位顾客介绍来的。看到店里成交如此大笔买卖，经理大感吃惊，所以最后业务员不仅没被辞退，工资还提高三倍，休假时间也增加一倍。经理甚至还称赞他如实介绍商品的做法，说这是一种新型的售货风格，应该继续保持。

人际沟通上的"诚意"，不仅在商场上能产生奇效，在政治领域中，也具有同样的效果。

1952年，艾森豪威尔竞选美国总统，年轻的参议员尼克松则是他的副总统搭档。正当尼克松为竞选四处奔波时,《纽约时报》突然报道尼克松在竞选中秘密受贿的丑闻。消息一经传开,对共和党的选情带来极为不利的影响。

为了摆脱困境,共和党花了数万美元让尼克松利用媒体,对全国选民作半个小时的公开声明。很明显,能否澄清事实、取得选民认同,此举将是关键。当时,全美国有64家电视台、700多家电台,他们同时将镜头与麦克风对准尼克松。而尼克松万万没有料到,当他走进全国广播公司的录音室之前,助选的高级顾问就告诉他,要他在广播结束后提出辞呈。于是,尼克松只好采取一个在政治史上少见的行动:他把自己的财务状况全部公之于众。

由于尼克松公布财务状况,他争取到了选民们的同情。他详细地说明自己的经济状况,连怎样花掉每一分钱都如实地告诉大众,而这几乎像每天都发生在大家身边的事,一切听来都是那么熟悉与真切可信。

最后他满怀深情地说:"我还要告诉大家,我太太没有貂皮大衣。还有一件事也应告诉你们,获得提名后,我们确实收到一件礼物!那是得克萨斯州一个不知名的朋友,曾经在收音机中听到我太太说,我们的孩子很想要一只小狗。于是他就在我们这次竞选旅行的第一天,由巴尔的摩市联邦车站送来一只小狗,我6岁的小女儿特里西娅为它取名切克尔斯。各位,现在我只说明一点,不管别人说什么,我们都要留下这位朋友所送的小狗。"

公开谈话结束后,尼克松自己都没有料到,他的演讲竟获得如此大的反响。当他走出录音室时,到处是欢呼声,以后数天还有数百万人通过打电话、发电报或寄信来赞扬他。而在事实澄清之后,尼克松最终赢得了大批的选票。

后来,人们评论尼克松这次演讲成功的关键,就在于他的演说具有两大特点:一是真诚,二是纯朴。当时处于绝望边缘的尼克松,竟然不以副总统候选人的身份,而是以一个普通人的形象出现在公众面前,并与大家闲话家常似的讲述生活细节,极富人情味,最终打动听众的心,获得他们的信任。因此,尼克松的获胜,可以说是"诚意策略"最成功的例子。

从上述故事中看,诚实的语言不仅能带来成功,也能带来神话般的奇迹。反之,如果一个人在语言上,不遵循"诚能感人"的原则,就会失信于众,轻则影响个人的形象和声誉,重则危及组织的前途和生存。因此,有远见卓识的人,都必须把"诚"视为处世成功的基础。而投机取巧、巧言令色的面具,总有一天会被揭穿。虚情假意永远逃不过人们的眼睛,更说服不了大众。

07 | 不要说易得罪人的言辞

小齐到客户那儿接洽生意后,回到公司已经下午6点了,公司只有一位女职员还在工作。小齐心里想:她这么认真,也应该休息一下了。但是说出来的时候却变成:"咦,你怎么还在公司?"

结果对方一脸的不高兴,愤然地说:"现在就回去!"

本来是想安慰她,却反而惹她生气。这样下去,不但被她误会,而且会影响到以后的工作。问题出在"怎么还在公司?"这句话上。这句话听在对方的耳中,好像是:"怎么不快点回去?"何况又加上"咦"的疑问词,难怪她会有那样的反应。如果是男同事之间的交谈,也许一句"怎么?不行啊?"的玩笑话就带过了,但是,对方是女性,情形就不一样了。很明显,是他的措辞不当。

另外,大家都熟知这样一个笑话:

张三请了甲、乙、丙、丁四位朋友来吃饭。乙、丙、丁三人如约而至,只有甲迟到。

张三一边看着表,一边自言自语地说:"该来的怎么还不来?"乙听了很不高兴地问:"那么,我是不该来的了?"说完就气呼呼地走了。

张三连连叹气:"唉,不该走的又走了!"丙觉得张三弦外有音,暗想,既然乙不该走,那么是自己该走?他也不辞而别了。

张三更急了:"我又不是说他!"站在一边的丁再也忍不住了,暗想:"既然不是说丙,那么只能是说我了。"他也悄悄地走了。

一会儿,甲来了,张三唉声叹气:"不该走的都走了。"甲听了暗想,原来是我该走,于是也走了。

结果来的客人一位没剩,只留下了不知所措的张三。

上述第一例中,小齐应该怎么办?首先他要了解女同事的一些忌讳,少说一些让她们不高兴的话。容易让女同事感觉不够体贴,让女同事讨厌的话有:"你现在没事,帮我一下。""要是换了某某,就不用我操心了。""我说过你没那两下子。""你怎么老出错!""应该早完成了吧,怎么总是拖拉?"等等。让女同事觉得粗鲁无礼的话有:"喂,听着!""先等一下,急什么?""笨蛋,连这也干不好!""还愣着干什么?""你没有耳朵?往后靠。"等等。让女同事觉得讨人嫌的话有:"你越来越胖了。""你的妆化得真像个鬼。""这衣服早过时了。""女人真是麻烦。"等等。

如果你不小心说了类似的话,就应该毫不迟疑地立刻表示道歉,并且要用令她吃惊的音量,大声地赔不是。然后,做一次深呼吸,再委婉地说明:"我说错话了。其实我是觉得让你留下来工作真不好意思。哎呀,我的嘴真笨啊!"大多数的情况下,对方听了这番话后心情都会转好,接着再交谈几句就没事了。如果对方仍旧不理时,那就不要再说下去了。第二天早上,碰到她时,先向她大声地说句"早上好",她的不快就烟消云散了。

在日常交往中,与人谈话往往是很愉快的事,但也有自己说的话被别人误解的时候。因为我们日常交谈的话语,有不少词语在不同的条件下使用,往往有不同的含义,有的甚至完全相反,会给我们带来麻烦,正如第二例中张三说的那些话。遇到这种情形时,言辞一定要慎重,切勿鲁莽行事。

所以,话一定要说得明确、具体,措辞得当,千万不要模棱两可,不要用那种话中有话的句子,让别人多心。

第七章
说服也能皆大欢喜，
不伤和气

说服不是压服，说服是靠对方的内心认同，压服则是强迫对方行为认同，就是所谓的口服心不服。会说话的人，总是能说服对方，不但内心认同，在行为上也会得到热情的响应。

01 | 说服别人的原则与方法

1. 说服别人的原则

为了有效地说服别人,掌握以下几点原则很有必要。

(1)要找到被说服者的需求和动机

人的任何行为都是有一定动机的,而动机又是由需求决定的。要做好说服工作,就要先找到对方的需求,再由需求寻找动机。

(2)利益在先,道德在后

也就是通常所说的利益原则。不管什么事,要想说服人,就应该把利益摆在前头,并从利益的角度去讲道理,这样才能收到良好的效果。其实,说服的利益原则,应该是我们做好说服工作的起点和终点。

（3）留有选择权

不管你多么有权威，要先告知对方选择的结果。因为任何人都不喜欢被人强迫。这就是人的一种保护自身自由的心理。领导者可以指明方向、条件，但要由手下自己去选择行为的结果。另外，即便是让人选择结果，也应该让他知道这是他自己的决定，好坏需自己承担。这也是一种领导艺术。

2. 说服人的方法和技巧

说服人经常犯的毛病就是：先想好几条理由，再去和对方辩论；还有的是站在长辈的立场上，去说教别人。这样一来，就是等于先把对方推到错误的一方，再去说服别人。因此，往往适得其反，不会有什么好效果。那么，说服别人的有效方法是什么呢？其实说服人的方法和技巧很多，在这里介绍几种比较实用和简单的，仅供大家学习和借鉴。

（1）注重感情

人都是有感情并重感情的，在人与人的接触和交往中，感情的作用十分重要。在说服人的时候，理应先创造一种平和、温暖或是热情、诚恳的气氛。有人说，再雄辩的哲学家也无法说服不愿改变看法的人，唯一的手段是先使他心软，其道理就在这里。在对方抗拒心态比较重的情况下，先让他们"发挥"一下是对的。"发挥"不只是情绪的宣泄，还可以让他们在原来的路上往前走得更远。这时，因为事情已经过火、过头，也因为走得越远,错误就越容易暴露,他们自己就会意识到自己的错误。这样一来,他们自己就把自己说服了。

(2) 利用"兴奋点"

就是利用人们最关心的事情,把这些事情和我们要说的事情串联起来,以便获得说服的效果。以"兴奋点"做开场白,或融入我们的谈话皆可。但这需要我们动动脑筋,寻找那些确能使人兴奋的事情。

(3) 拿出权威的地位

心理学有个"权威性偏见",就是对权威产生的一种过分崇拜的评价性偏见。人们听到和看到的权威,往往是闪闪发光的东西,人们并不了解它的另一面,所以会产生盲目性。

可是,人们并不很清楚这一点。你用权威的话说,人们就信服;你拿出权威的地位,人们就很少提出异议。这样,在一定的条件下,适当引用权威的语言和材料也能起到说服的作用。

(4) 用高尚的动机来激励他

一般情况下,每个人都崇尚高尚的道德、正派的作风,都有起码的做人道德。所以,在说服他人转变看法的时候,一个有效的办法就是,用高尚的动机去激励他。让他站在道德的制高点上,往往就能够说服他,让他做应该做的事。

(5) 用热忱的感情来感化他

当说服一个人的时候,他最担心的是可能会受到伤害。

因此，在思想上先"砌上了一道墙"。在这种情况下，无论你怎么讲道理，都事半功倍。解决这种心态的最有效的办法就是用诚挚的态度、充沛的热情来感染他，这样的说服也算是种感化，使他从内心受到感动，从而改变自己的态度。

（6）通过交换信息促使他改变

事实证明，不同的意见往往是因为掌握了不同的信息而造成的。有些人知识不够，对一些问题不理解；也有些人习惯于旧的做法，对新的做法不了解；还有些人误听误传，对某些事情有误解；等等。在这种情况下，只要能把信息告诉他，他就会发现他原本的看法不如想象的那么美好，进而采纳你的新主张。

（7）激发他主动转变意愿

要想让别人心甘情愿地去做任何事，最有效的方法，不是谈你所需要的，而是教他怎么去得到他所需要的。所以有人说："能激起对方的迫切渴望的人，世人必与他同在；不能的人，将孤独终生。"

探查别人的观点并且引起他对某项事物迫切需要的愿望，并不是说就要操纵他，使他做只对他人有利而不利于自己的某件事，而是要他做对他自己有利同时又符合他人的想法的事。这里要掌握两个环节：一是说服的人要设身处地地谈问题，要把别人的事当作自己的事来看待；二是最好让他觉得不是别人的主意而是他自己的主意。这样他会喜欢，会更加主动和积极地接受。

（8）用间接的方式促使他转变

说服人时如果直接指出他的错误，他常常会竭力为自己辩解，因此，最好用间接的方式让他了解应改进的地方，从而达到让他转变的目的。所谓间接的方法是多种多样的，如：将指责变为关怀；用形象的比喻来加以规劝；避开实质问题谈相关的事；用别人或自己的错误来暗示他；用建议的方法提出问题；等等。这就要靠说服者根据实际情况创造性地加以运用。

（9）提高对方"期望"的心理

被说服者是否接受意见，往往和他心目中对说服者的"期望"心理有关。说服者如果威望高，言行一向可靠，或者平时和被说服者感情好，使其觉得可以信赖，其意见就比较容易被接受。反之，就有一种排斥心理。所以作为领导者，平时要注意多与下属沟通，和他们建立深厚的感情，这样工作起来就变得主动有力。

管理学上有一句名言："到用户那里五次，他就会购买。"这是推销商品的原则。日常的说服也是这样的，锲而不舍或不断灌输新的看法，总会有效果。这不单是一种"缠功"，还是一种压力，一般人是很难抵抗的。

02 | 了解对方是说服的第一步

喜欢摄影的人都知道，你若用自动相机来拍摄舞台上的演员，闪烁的照射灯便会使被拍出来的照片变得很暗且不清楚，也就不会成为正式的相片。为了拍得漂亮，就必须采用部分测光的技术，再将光圈对好被摄物。

说服人的情况也一样，必须针对每个人的个性。其个性不同，说服的方法也就不同，即使必须将焦点集中在对方的某个部分来说服他才会有效，也得先看看对方是什么样的人。事先打听清楚，就能事先计划出接近他的方法。这就是说，在说服对方之前首先要了解对方。

例如，说服的对象若是个人，那就要了解他有什么样的兴趣爱好以及出生地和家庭背景等；如果说服的对象是公司，就要了解其经营状态、客户情况和其他特点等。有这份心的话，能轻轻松松弄到手的信息应该有很多。将这些做好记录,在实际说服时灵活应用就行。这对理解对方也能起一定的作用。

某评论家曾愤慨地说:"上次某出版社请我执笔写稿,而我写的书他们一本也没看过,却硬要委托我。他们说,稿子的内容怎么样都行,拜托了。真服了,他们居然对稿件的内容一点也不在乎!这话实在太失礼了!"

这位评论家的感叹是可以理解的。当一个人在拜托对方时,对那人的背景资料一点也不了解或知之甚少,就会给对方一种不尊重、不礼貌甚至看不起对方的感觉。

例如,这样说:"××先生,你的书我已经拜读过了,很受感动,特别是你对××的批评,也是我以前就抱有疑问的地方。我想挖一挖这方面的题材。"如果这样说,他就会与你产生共鸣了,他会想:嗯,这个人对我的事还了解不少呢。有时,他还会颇有兴趣地问你:"你的意见呢?"到了这一步,那位评论家就会产生"我写写看吧"的意愿。

在所要掌握的对方的信息中,最主要的就是对方的性格。只有了解了对方的性格,才能找到适合对方性格的说服方法。

这里举一个实例来说:

在某大型制造厂里,有位主管对某一女职员说:"你的衬衫很漂亮呢!"结果那位女职员一回到家,立刻就用剪刀将衬衫剪破了。

据说,那位主管平常都会夸奖下属的优点,借此和大家建立良好的关系。但是，唯独这位女职员对他怀有强烈的反感。其实，她的性格本来就相当敏感，同事们平常与她相处都非常小心。

这虽然是有点极端的例子，但它说明，不去了解某人的性格就直接去接触她，很可能会产生意想不到的结果。那位主管多少应注意到了她的心情，而且，周围的人都了解那女职员神经质的性格，但他仍用对待其他下属同样的方法来对待她，这就是错误的方法。

虽然这很难预防，但只要仔细观察，自然就会知道用什么方式与人接触。

"那人是个爱讲道理的人，与他说话得有条有理"或者"那人很乐观，可以轻松地与他说话"。经过这样的分析，就会知道面对不同的对象，应采取不同的说话方式，其结果就会有很大的差别。

在说服人时也是如此。当你掌握了适合那个人性格的说服方法，成功的概率就会提高很多。因为了解对方的性格，就能抓住说服的攻击要害。

1. 性格的分类

对于人的性格，我们可以用一个简单易懂的理论进行分类，即德国心理学者 E·克内茨马的性格分类方法。

（1）内向型性格

腼腆、认真。神经质，有胆小的一面。喜爱做白日梦，对未来满怀憧憬。对周围的人和事极为敏感，心灵易受伤害，情绪起伏较大。做事缺乏决断力。

（2）随和型性格

外向、开朗，行动也很活泼。喜欢助人为乐，有温情。想法较实际。做事有决断力，但容易倦怠。

（3）依赖型性格

思考力丰富，但是缺少协调性。坚强，具有正义感。严守规则。做事的决断力还可以，对朋友很重义气。

性格大致可分为这三种类型，不过任何人都兼有这三种性格，差别在于哪种性格因素比较明显。这可以作为说服人时的参考。

2. 针对不同的性格，使用不同的说服方法

在了解他人性格的基础上，如何采取适合其性格的说服方法？一般来说，适合对方性格的说服方法有如下几种：

（1）性子急躁的人

不要总东拉西扯，那种没完没了的说明，会让他厌烦。要将你所要告知的重点归纳并分列出来，写成几点给他看。一次决定胜负，但要慎重。

（2）随波逐流的人

对周围的人十分在意，若稍不一致就感到不安的人，喜欢跟着别人的脚步走。"反正大家都这么做啊！"一句话就可以定案。

（3）自尊心强的人

不要让他意识到被说服了。要让他觉得是他自己的决定或者是他自愿的。

（4）好奇心旺盛、什么都想知道的人

一次透露一点情况，同时多接触几次，以激发他的兴趣。引诱他，如果按你说的去做，还有更有趣的事呢。

（5）无自信心、易迷惘的人

要提供几种选择让他挑选，若只一味地征求他的意见，反而容易使他退却。

（6）害羞的人

要向他提供尽可能多的准确的信息或依据，没有这些他就不会采取行动。可用正统的进攻方法来进行。

事先掌握对方的信息还要重点做到的一点是：找出双方的共同点。

在搜集资料时，如果找到了自己与对方的共同点，在谈话受阻碍时，就有可能以这个共同点为题材来打破僵局。

恩斯特就有这样的经验。

恩斯特曾经多次与某批发商的采购部长 B 谈条件，恩斯特该让步的就让步，好歹要达成协定，但在还差一步的时候，却和对方谈不妥了。

双方反复讨论了七八次。就在某一天，由于彼此都疲于长时间的交涉，突然想到要换个地方谈，于是走进了附近的一家饮料店。

其实B是最喜欢钓鱼的人,而恩斯特也不讨厌钓鱼。入座后,恩斯特开口第一句话就是:

"前些日子,我去栀本山溪里钓鱼,可没钓到几条。"

恩斯特是想看看对方的反应,不出所料,B的眼睛发光了。

"怎么,你也喜欢钓鱼吗?"

"我只到小溪里钓,只是兴趣而已!"

"哈哈哈,其实,我对钓鱼这件事,比其他任何事情都喜欢。"

说到感兴趣的话题,谈话的气氛很快就活跃起来,甚至两人还约好了下次一起去钓鱼。至于有关订货的条件,当时虽然说好了订货条件与私人交往没有关系,但后来,还是按恩斯特所希望的条件签了合约。

就订货条件来说是如此,在交涉的最初阶段也是如此,无论如何,以真心相对,互相谈出真实想法很重要。到那时候,如果有相互间的共同点,就可以转换成交涉或谈判上的突破点。

3. 探明对方的本意

要想说服对方,仅仅依赖于事前了解仍是不够的,还要在谈话的过程中抓住机会随时观察了解对方的动机和意图。

在说服别人的时候,都要通过种种观察与互动去探询对方的本意。因为它是人们最初的想法与行动的目的,若无视它的存在，那说服这件事就不能完成。

以下的例子是发生在某企业内部的事。

李先生是从事商品开发的人，他是位相当优秀的企划人员。有一次他提出某商品的计划被采用了，之后他便就该计划中的营销包装部分组成了研究项目小组。当然，这使李先生的角色变得更有决定性。可是不知什么原因，李先生竟然又向其他组员提出："你们爱怎么做就请怎么做吧，我不过问，也不想参与。"他要求从该小组中退出。

面对询问李先生退出理由的上司，他这样回答："仔细想来，我觉得那商品好像不符合市场需求，有了这种想法，我觉得自己仍是该小组的一员有点可笑，因此才请求退出。"

然而，不赞成这种解释的上司对他说："但是，那个计划不是得到多数人的支持吗？到现在这个时候，身为企划者，你竟要退缩，是不是还有其他什么原因呢？"

"无其他原因。"

……

其实，李先生对公司有着极大的不满。他在几天后再次被上司问到理由时这样回答："那计划是我想出来的，然而，让我做的尽是些打杂的小事，我就不想干了！"这就是李先生真正退出计划的动机。

最后上司以身为企划者的立场出发，把自己的经验教给李先生："工作要互相合作才能做得出色。"李先生最后也同意了这样的说法。后来，他在工作上表现得十分出色，让人刮目相看。

可见，探明对方本意也是说服的必要条件。探明本意可用以下步骤：

（1）考虑对方内心深处的得失

只会斤斤计较自身得失的人往往都是优先考虑自己利益的人，不可能对你敞开心扉。

（2）尊重对方的立场

"你打算让我这个当科长的做那种事吗？"有时内心会产生不满，只因未受到应有的尊重。

（3）真心与对方交谈

若彼此间关系生疏，表面上自然就会客客气气，所以本意是不会说出来的。

（4）突破对方的心防

地点：有些事被别人听见了不大好，所以要选择较隐秘的谈话地点。

姿态：有时要考虑一下年龄、学历的差别等。"若方便的话，就请您说明一下。"这种谈话的低姿态很重要。

说辞：有时对方顾虑到人前人后的情况，态度会模棱两可，所以你要发誓"我对任何人都不会说出去"。

第三方：从利害关系和立场上来考虑，怎么都很难问出本意时，就要请中立的第三方介入协调。

03 热情才是说服的关键

一般而言,人的心情如何往往会影响到别人的心情,其中以热情最容易让人感受到。

在不善于说服的人身上我们感觉不到热情,而通常那种人也不能理解"人可以靠热情来驱动生命"的真正含义。

观察一下你周围的人的工作情况就能发现:只在嘴上嚷着"我在拼命工作呢"的人实际上工作只做了一半,任谁都无法从他身上感觉到热情,也不会对他有好的评价。这种人所说的话,谁都不会真的想听。相反,拼命努力做事的人,必定会光彩夺目,因他身上有极大的热情,有时你也会被他热情的力量感染。这样的人也许只要说句话,就能有极大的说服力去鼓动对方。

不管是谁,都会被拼命努力的态度感动,并给予正面评价。因此，要牢记这个原则，它可是说服别人的坚强后盾。

缺乏热情的人，只要稍微遇到阻碍，马上就会打退堂鼓，而且想要尽早地逃离那地方。因为没有热情，就会采取事不关己的态度，这样一来，对方不但没有受到影响，还会投来轻蔑的眼光。

总而言之，说服这项工作进行得是否顺利，与有没有热情有很大的关系。

有了热情，还会带来其他"外围"的收获，即产生一定能说服的信心。这就是说，有热情，就会有自信，而自信就是着手去说服别人的筹码。无论做什么，都要有"好，加油吧！"这样的冲劲儿；否则，再容易的事都不会做好。

特别是对"说服"这种以人性为关键要素来决定一切的行为来说，那种"肯定能说服"的、自信的态度是绝对必要的，而支撑这一点的就是热情。

小王从事销售工作有20多年，回想起来，之所以能与顾客做成交易，往往是因为他对工作有热情；相反，当人失去这种热情的时候，往往感到似乎被命运捉弄，进而自暴自弃，认为"我太不中用了！"

在这样的情况下，顾客会认为你是一个没有自信的人，因而也就没有心情来听你的介绍。因此，绝大多数的顾客都不会理你。

成功说服别人的秘诀，就是要有肯定能说服别人的信念；

否则，就会产生逃避的想法。

当你失去自信的时候，无论做什么事情都不会成功；当无论做什么都无法成功时，你就想将责任推卸给他人，老是想这错不是因为你。然而，好好地正视自己，就会发现其实大部分责任都在于自己的懦弱。这正是所谓敌人在自己心中，自己如果能切身领悟，就会产生无论谁我都能说服的自信。

有位 R 先生，他是办公室自动化设备的一流推销员，他常挂在嘴边的是：卖东西靠的是热情。老实说，设备的性能各厂各品牌都不会有多大的差别。要说有差别，那就是推销员的热情。大体上，欠缺热情的推销员是卖不掉东西的。没有热情，再好的商品看上去都会褪色。赋予商品生命的就是推销员的热情。

也许有人会有不同的见解，但是，R 先生给我们证实了一点：有热情的人才有充沛的精力。当然，在它的背后还有，R 先生是一个有信用的人，无论多么小的邀约都会按时守约，因此他所推销的商品是没有卖不掉的。而人们所真正信赖的不仅是 R 先生的商品，还有他的热情、自信和执着。

04 | 以柔克刚巧说服

古往今来，和气待人、和颜悦色都被视为一种美德。柔言谈吐是一种值得提倡的交际方式。

柔言谈吐表现为语气亲切，语调柔和，语言含蓄，措辞委婉，说理自然。这样说话对方会感到亲切和愉悦，所谈之言也易于入耳生效，有较强的征服力，往往能收到以柔克刚的交际效果。

柔言谈吐的表达方式一般有两种：

1. 谦让表达法

一家瓷器店的营业员遇到一位十分挑剔的女顾客，给她拿了好几套瓷器，女顾客选了半个钟头还没选好，营业员因顾客太多不得不照应别的顾客。这位女顾客觉得自己受到了冷落，就沉下脸来，大声指责说："你这是什么服务态度，没看见我先来的吗？快让我先买，我还有急事。"

营业员并没有和她计较，而是安排好其他顾客后说："请你原谅，我们店生意忙，对你服务不周到，让你久等了。"营业员的态度和话语真诚而谦让，那位女顾客的脸一下子红了，转而难为情地说："我说话不好听，也请你原谅。"

有理不在声高。这种谦让表达法充满了尊重、宽容和理解，本身就产生了一种感化力，从而引起对方的心理变化。火气遇上和气，就失掉了发泄的对象，自然就会降温熄火。

2. 委婉表达法

当你和他人意见不合时，委婉地表达自己的坚定立场，会取得意想不到的沟通和说服效果。

1940年，处于前线的英国已经无钱从美国"现购自运"军用物资，一些美国人便想放弃援英，而没有看到唇亡齿寒的严重事态。罗斯福总统在记者招待会上宣传《租借法》以说服他们，为国会通过此法成功地营造了舆论氛围。

罗斯福并未直接指责这些人目光短浅，而是以理服人，举了这样一个例子："假如我的邻居失火了，在四五百英尺（1英尺约为0.3米）以外，我有一截浇花园的水龙带，要是给邻居拿去接上水龙头，我就可能帮他把火灭掉，以免火势蔓延到我家里。这时，我该怎么办呢？我总不能在救火之前对他说:'朋友,这条管子我花了15元,你要照价付钱。'这时候,邻居刚好没钱,那么,我该怎么办?我应当不要他15元钱,让他在灭火之后还我水龙带。要是火灭了,水龙带还好好的,那他就会连声道谢,原物奉还。假如他把水龙带弄坏了,答应照赔不误的话,现在,我拿回来的是一条仍可用的浇花园的水龙带,这样也不吃亏。"

罗斯福援英的决心很坚决,但他没有直接表达这种强硬的态度,而是用通俗的比喻表达自己的真实想法,达到了较好的说服效果。

使用柔言谈吐要注意以下事项:

要加强个人的思想修养和性格培养,比如:应注意使用谦敬词、礼貌用语,表示尊重对方的观点和感情,以引起好感,尤其要避免使用粗鲁、污秽的词语。在遣词造句和语调语气上有一些特殊的要求:在句式上,应少用否定句,多用肯定句;在用词上,要注意感情色彩,多用褒义词、中性词,少用贬义词,以减少刺激性;在语气上,要和婉、谦和。

05 | 向对方请教

王先生在结婚前是一个十足的大男子主义者,不料,婚后却个性180度大转变,成为太太至上的爱妻族。

据说原因是太太的说服技巧高人一筹。在他们家中凡事皆由太太先提出意见,然后再由他作最后决定,表面看似是他自己的主张,事实上全是太太在主导。例如,有什么事要解决时,太太会对他说:"这个问题真让我不知该如何是好,"接着又说,"我觉得这件事若能……的话,可能会更好,只是我不敢做主,还是你来决定好了。"而这身为一家之主的男人,因自尊被捧得高高的,就自以为决定权掌握在自己手中,竟完全忽略了这其中真正的主导者。

任何人都有自尊,尤其是在女人面前的男人更是如此。若想影响身份比自己高的人,也不妨用用这种方式。当对方的自尊被抬高了,即使有不同的意见也很少反驳,甚至自己被出卖了也无所谓。

此种做法的重点,在于对方并不知道你是决定者,但决定者确实就是你。

对难以说服的人,不妨向他请教解决之道。

06 迂回的说服法

迂回的说服法,就是为了达到自己的目的而通过曲折隐晦的语言形式,把自己的思想、意见暗示给对方的方法。这种表达方式既可以达到批评的目的,又可以避免难堪的场面,所以常被当作说服的有效手段。

战国时,公输般替楚国制造云梯,准备攻打宋国。墨子听到这个消息后,就从齐国徒步到楚国郢都,希望劝说公输般不要为楚国制造云梯。

两人见面后,公输般问:"先生有何指教?"

墨子故意说:"现在北方有人侮辱我,我想借您的力量杀了他。事成之后,我送您千金。"

公输般很不高兴,断然拒绝:"我是讲仁义的人,所以不能随便杀人。"

墨子见公输般满口仁义，正中下怀。于是他立即借题发挥，慷慨激昂地说："请允许我向您进言，我在北方听说您制造云梯，想攻打宋国，可宋国有什么罪呢？楚国本来就是地广人稀，却拼命地在战争中葬送自己本就不足的人民。这只不过是为了争夺自己早已拥有很多的土地，这样不能算是聪明。宋国没有罪，而您却要攻打它，这不能算仁爱。懂得这个道理，却不身体力行，不能以理据争，这不能算是忠臣。如果争取达不到目的，这也不能算坚强。杀一个人认为不义，却杀很多人，这不能算是懂得类推事理。"

公输般被墨子说得无言以对，只好承认自己为楚国制造云梯攻打宋国是错误的。

在此，墨子以先请求公输般帮助他杀人的话来"声东"，诱使公输般亮出"我是仁义的，不能随便杀人"的观点，并为墨子的"击西"提供了大前提。然后，墨子立即抓住时机，雄辩分析，连连责难，使公输般欲辩无辞，除认错之外，别无他路。

第八章
会聊天，
就要懂点幽默

幽默是化解争执的最佳润滑剂，幽默是聊天的最佳笑点。幽默的话，总是让人爱听；幽默的人，也必然大受欢迎。

01 让幽默为你说话

幽默是一种最生动的语言表现手法。与幽默的人相处、谈话是一件非常有趣的事。而与人发生争执、各持己见时，幽默常常可以让人立于论辩的不败之地，并化争执为会心一笑。

风趣的幽默，虽不同于严密科学的理论与辩驳，但由于幽默同样具有真实性、威慑力以及逻辑力，因而具有很强的论辩优势。

在论辩中，幽默显然不同于证明和反驳，它既无论辩过程，也没有反驳的程序，而是以诙谐逗趣的方式，暗示事物的本质，达到明辨是非的目的，因而在论辩中常常可以发挥证明与反驳所无法达成的作用。

第二次世界大战结束后，远东国际军事法庭开庭审判以东条英机为首的28名日本甲级战犯，美、苏、中、英、加、法、新西兰、荷、印、菲、澳等11个参与国的法官们曾因如何安排法庭座次，展开了一场激烈的争论。除庭长韦伯法官（澳大利亚）的席位是不容置疑的之外，庭长右手的第一把交椅属美国法官似已成定论，而庭长左手的第二把交椅属谁却各执一词。因为坐在庭长身边，不仅可随时与庭长交换意见，还表示法官所在国在审判中的地位。中国法官理应排在庭长左边的第二把交椅，可是由于当时中国国力不强，因此被各强权国否定。在这种情况下，唯一出庭的中国法官梅汝璈，便面对列强展开了一场机智的舌战。他首先从正面阐明，排座次应按日本投降时各受降国的签字顺序排列，这是唯一正确的原则立场。因为中国受日本侵害最重，并且抗战时间最久，付出的牺牲最大，所以，审判日本战犯，有14年浴血抗战历史的中国理应排在第二；再者，没有日本的无条件投降，便没有今日的审判，按各受降国的签字顺序排座，实属顺理成章。

接着他话锋一转，微微一笑说："当然，如果各位不赞成这个办法，我们不妨找个体重计来，然后依体重排座，体重重者居中，体重轻者居旁。"各国法官听了全都忍俊不禁。庭长笑着说："你的建议很好，但它只适用于拳击比赛。"梅法官接着回答说："若不以受降国签字次序排座，就依体重排座。这样纵使我被排在末位也心安理得，可以对我的国家有所交代，一旦他们认为我不该坐在角落边上，可以另派一名比我胖的人来换我呀。"

这回答引得法官们大笑起来。在举世瞩目的国际军事法庭上，法官的座次按体重来排定，这岂不是天大的笑话！梅汝璈正是用这样的笑话，嘲讽帝国主义者依恃强权、践踏国际公理的丑恶嘴脸。

在论辩中反驳对方，有时舍弃锋芒毕露、相互抨击的语言，而采用风趣含蓄、诙谐生动的语言，其效果会更好。

汉武帝晚年很希望自己能长生不老。一天，他对侍臣说："相书上说，一个人鼻子下面的'人中'越长，寿命就越长；'人中'长一寸，能活100岁。不知是真是假？"

东方朔听了这话，知道皇上又在做长生不老之梦了，脸上露出一丝讥讽的笑意。皇上见东方朔似有讥讽之意，面有不悦之色，喝道："你居然敢笑话我？"

东方朔摘下帽子，毕恭毕敬地回答："我怎么敢笑话皇上呢？我是在笑彭祖的脸太难看了。"

汉武帝问："你为什么笑彭祖呢？"

东方朔说："据说彭祖活了800岁，如果真像皇上所说，人中一寸就活100岁，彭祖的人中就该有八寸长，那么，他的脸岂不是太难看了吗？"

汉武帝听了，也哈哈大笑起来。

在这个故事里，东方朔以幽默的语言，用笑彭祖的办法来讽谏皇帝。整个批驳机智含蓄，风趣诙谐，令怒不可遏的

第八章
会聊天，就要懂点幽默

皇帝也不禁转怒为喜并且愉快地认输。

当然，幽默不一定都用在敌对的争吵和攻击中，有时也可以用在轻微的讽刺、戏谑、谈笑风生中，这时巧用幽默，既能达到驳斥对方观点的目的，还能产生和谐友好、轻松愉快的气氛。

有一次，世界著名生物学家达尔文应邀赴宴，正好和一位年轻貌美的女士坐在一起。这位美女用戏谑的口气向达尔文提出质问道："达尔文先生，听说你断言人类都是由猴子变来的，那我也是属于你的论断之列吗？"达尔文漫不经心地回答道："那是当然的！不过你不是由普通猴子变来的，而是由长得非常迷人的猴子变来的。"

达尔文并不用科学的道理反驳那位美女，而是以戏谑反驳戏谑，因为美女的提问属于偷换概念的诡辩。

02 | 善用幽默制造快乐

幽默的言辞往往是最佳的润滑剂。它能平息对方的怒气，让对方迅速转怒为喜。

英王乔治三世有一次到乡下打猎，中午感觉肚子有些饿，就到附近的一家小饭店点了两个鸡蛋充饥。吃完鸡蛋，店主拿来账单。乔治三世瞄了一眼仆役接过来的账单，愤怒地说："两个鸡蛋要两英镑！鸡蛋在你们这里一定是非常稀有吧？"店主毕恭毕敬地回答："不，陛下，鸡蛋在这里并不稀有，国王才稀有。鸡蛋的价格必然要和你的身份相称才行。"乔治三世听完不由哈哈大笑，爽快地让仆役付账。店主幽默的言辞不仅没有激怒英王，反而获得不少的收入。

一项非正式的调查报告显示，大多数女性在选择伴侣时都会考虑男士的"幽默度"，可见幽默的人是广受欢迎的！

掌握了这个交际的润滑剂,还会害怕和人交谈吗?那又该怎样训练、培养幽默感呢?

幽默感可能是与生俱来的,但你也可以通过后天的学习成为人见人爱的开心果。

学习幽默,首先要积累幽默的素材。如果你没有即兴幽默的能力,不如多看一些漫画和笑话,从中体会幽默的感觉,学习欣赏幽默,久而久之,就可自己制造幽默,至少也可运用看来的笑话了。

其次,也可体会别人的幽默感,学习听懂笑话,然后模仿一番。敞开你的心胸,去接受各种不同的人和事物,这些人和事物会在你的心中留下痕迹,成为幽默的酵母。

最后,要保持愉快的心情,它是幽默感的"土壤",如果你心情沉郁,老是想一些不快乐的事情,怎能制造出属于快乐的幽默感呢?

让自己成为一个幽默的人,同样需要掌握一定的方法技巧。幽默的方法也不少,如夸张、讽刺、反语、双关等手法,都可以达到一定的幽默效果。

1. 自我解嘲法

以健康的心情主动开自己的玩笑,这是公认的最佳幽默,如果做到了,表示你已具备了幽默的最大特质。宁可将众人的快乐建立在自己的痛苦上,也不要把自己的快乐建立在别人的痛苦上。

自嘲是一种拉近自己和别人之间距离的好方法。懂得自嘲技巧的人，不留痕迹地表达了他的谦虚，让别人不由自主地卸去了自己身上的武装，也就容易和别人打成一片。

2. 夸大不实法

小朋友："妈！我刚才在路上看到好'几百只'狗！"

妈妈不耐烦："胡说八道，跟你讲过'几千遍'了，说话不要那么夸张！"

气死了！烦死了！忙死了！累死了！笑死了！渴死了！有的人每天都要"死"上个三五遍，甚至更多。它所代表的不是真实的现象，但是却能表现情绪的"力道"。让你痛快、惹你发笑，这就是夸大！

多用"夸大不实"的幽默方式，你就不会再那么斤斤计较，而会变得比较豁达，从而可以有效地训练自己细微的观察力，找到生活中值得发泄和调侃的问题。

3. 戏言回避法

戈尔巴乔夫就任苏联最高领导人时才54岁，全世界的人都很关注他的施政，想看看这个年轻的国家领导人，会把苏联带往什么方向。

在戈尔巴乔夫召开的记者招待会中，一位美国记者问他：

"戈尔巴乔夫先生,我们都知道你是一位思想激进的领导人,可是,当你决定内阁名单时,会不会先和上头的重量级靠山商量?"戈尔巴乔夫一听,故意板起脸来回答:"喂!请你注意,在这种场合,请不要提起我的夫人。"

在沟通遇到障碍时,可用戏言这样一种表达方法,扰乱对方的思考逻辑,让别人因为这个突兀的表达而糊涂,或产生错误的判断,这样一来自己就可以借机从容脱身,或是转移焦点,化解压力。

4. 尖酸刻薄法

运用尖酸刻薄法时请提高社交敏感度,细微地察觉对方是否具有被毒的体质,万一对方经不起你的"毒素",恐怕就难堪了。确定自己能损人,也能捧人,这就是"施毒"与"解毒",若是能放不能收,奉劝你还是多加修炼,以免伤人害己。

学会了尖酸刻薄的幽默技巧有助于提升自己的情绪及社交敏感度,个人的组织能力与应变能力也相对加强。懂得此技巧,朋友间会因互攻长短而增进情谊,合伙人更会因此培养出特优的合作默契。

当然还要提醒你,"尖酸刻薄"的真义是:尖而不戳破,酸而不苦涩,刻而不留痕,薄而不危人。无论怎样幽默消遣,也应留人台阶,心存厚道。

总之，开玩笑应善意逗乐，促进彼此的感情交流，而不是恶意取笑，占对方便宜。因此，开玩笑必须分清善恶，把握尺度。

幽默的谈吐代表着人们开朗乐观的个性，是一个人聪明才智的标志，它要求有较高的文化素养。仅仅懂得了幽默方法还不足以表明富有幽默，就像有了毛笔却不一定能成为书法家一样，其关键在于运用。

03 | 灵活运用机智和幽默

《圣经》上有这么一句格言:"人们有着一颗快乐的心,更胜于怀着一只药囊,可以治疗心中的百病。"

机智和幽默如果运用得当,可以带给人们喜悦,起到化险为夷的作用。

机智是以智力为基础的,凭着机智可以把不相关的事情巧妙地联系在一起。它可以在文句上耍弄花样,但是不一定会让人发笑。

幽默与机智,在交际上的功用可说是"出奇制胜"。不仅可以在显示出你的聪明的同时引起他人的兴趣,还可以缓和紧张的局面,甚至给大家带来欢乐。

用机智和幽默去引起他人的兴趣,相应地,别人也会积极地回应你。因为你说的那句玩笑话像一缕阳光似的驱散重重叠叠的乌云,一切的怀疑、郁闷、恐惧,都会在一句恰当的玩笑话中消失得无影无踪。

机智运用得当,可以使你的对手哑口无言,也许还可以解除尴尬的场面,赢得别人的鼓掌喝彩。

有一则笑话,足以看出幽默大师马克·吐温的机智。马克·吐温去拜访法国名人波盖,波盖取笑美国历史很短,便说:"美国人无事的时候,往往爱想念他的祖宗,可是一想到他的祖父那一代,便不得不停止了。"马克·吐温则以充满挑衅的语气回说:"当法国人无事的时候,总是尽力想找出究竟谁是他的父亲。"

这一类的机智是危险的,不是一般人所能使用的,因为它足以引爆一场"口水战",你和对方争辩的结果不是你取得压倒性的胜利,就是一败涂地。所以,除非非用不可,否则就不要随便尝试。

幽默是有区别的:有些是文雅,有些是别有用意;有些高尚,有些低级。低级的幽默如同讥笑,往往一句普通的讥讽话会使人当场丢脸,反目不悦。所以,说幽默话应该使它高尚、得体才好,一味地说俏皮话,无限制地幽默,其结果反而不会觉得幽默。

譬如,你把一个笑话反复地讲了三遍、五遍,起初人家还以为你很风趣,到后来听厌了就不会感到有趣。

如果你要使人对你保持着端庄高贵的印象,那么,你就

第八章 会聊天，就要懂点幽默

要避免说幽默话。我的朋友张先生，在担任教师的时候风趣得很，可是做了地方上的首长之后，因为自己知道在政坛上不应该再随便诙谐幽默，明白一味的幽默会有失身份，所以下了决心，毅然做了一次"肃清幽默"的工作。

人的生活不能过分严肃，精神若时时保持紧绷状态，生活就会缺少情趣，所以应该偶尔放松才行。而时常与人说笑，说些逗趣的话，这正是缓解压力的好方法之一。

但说笑也要注意，有时也会使人不高兴，问题在于说得既不恰如其分也不恰当其时。譬如大家聚精会神在研究一个问题，你忽然插进一句毫无关系的玩笑话，众人不但不会感到好笑，可能还会报以白眼。

如果对方与你交情很深厚，彼此之间无所不谈，你拿他开玩笑，也许不会发生误会；如果彼此只是泛泛之交，你拿他开了玩笑，他往往认为你是恶意的，心里难免有些不愉快。即使彼此交情很深厚，若对方气量狭小，你开他玩笑，也会让他不高兴的。

说话的最高境界就是能够运用巧妙的语句，化腐朽为神奇，虽然轻描淡写，却让人捧腹大笑，这就是幽默式的说笑方法。

一般而言，欧美等国的人大多有幽默感，而中国人较欠缺幽默感。如今的社会已不同以往了，幽默感正在成为中国人与人之间相处的生活智慧。

实际上，幽默的话题并不难找，幽默有一些技巧，但是仍要不断地累积和揣摩。

1. 思路要清晰

某个非正式座谈会在结束前不知谁放了个屁。这时，主持人正在作最后结语。为了不让众人的脸上挂着尴尬，他灵机一动说："竟然全部'放'完了，大家就散会吧！"

你可以记下某段让你觉得好玩且幽默的话语，在适当的时机加以灵活变通，就可以丰富你的谈话内容了。

2. 逆向思考

"开会时如果有人在台下起哄，你会感到泄气吧？"

"不会啊！他们不起哄，我才烦恼没有挑战！"

3. 厚颜幽默，即厚着脸皮，巧妙地寻找笑料

主任："喂，你怎么可以在上班时间吃东西？"

职员："啊，没关系，吃东西这段时间不必付给我工钱。"

4. 重复、反复别人的话

"高尔夫球会员票太贵了，我简直连想都不敢想。""你不敢想是件好事，我倒是'敢想'了一下，所以现在出现了经济危机。"

5. 夸张的态度

"哎，我从早上开始已经打了100多次电话给你！"

"你让我站了半天，你看，我至少瘦了5公斤！"

6. 用轻松的态度谈些失败的教训

失败的教训往往是表达幽默的好话题。

"那家新开的商店把玻璃擦得一尘不染，也太明亮了。我兴冲冲地东瞧瞧、西看看，走到玻璃前还浑然不觉，竟直接撞了上去！"

这段话博得众人的哄堂大笑，最后的结局是脸上留下了一块淤青。当然，这个结局不一定要讲出来，因为不讲会更有"笑"果。

7. 放开胸怀，自我评价

客观地评价自己的所作所为，采取完全不在意的态度，此时幽默自然而然就产生了。

"我昨天在老板面前真是出尽洋相，打翻了水，说错了话，还迟到了。"适时地说说这种自我解嘲式的幽默，也省得别人把你当作茶余饭后的话题。

8. 多用文字游戏，如同音现象

比方说"桂林山水甲天下，某地产品'假'天下"等。

04 开玩笑别没有分寸

开玩笑，是人与人之间交往最常见的一种说话取乐方式。它可以活跃气氛，调节情绪，创造一个和谐、轻松的氛围，使你的语言更具魅力。但是，开玩笑的内容必须得体，如果笑料过于庸俗，或开过了头，伤害了人家的自尊和感情，则会适得其反。所以，开玩笑一定要注意场合，把握尺度。

有位钢琴家在某地一家歌舞剧院演奏贝多芬的名曲时，因天气寒冷，进场的听众不多，剧场内有一半的座位空着，一些来听钢琴演奏的人也左顾右盼，心里似乎很不安。这有点出乎钢琴家的意料。为了改变这尴尬的局面，这位钢琴家开了一个玩笑，他说："朋友们，我发现一个奇怪的现象，这个城市里的人都很有钱，因为我看到你们每个人都买了两三个座位的票。"

听众一听，顿时开心地大笑起来。

第八章
会聊天，就要懂点幽默

因为这位钢琴家的一个玩笑，听众们的心情立即活跃起来，使尴尬的局面在哄堂大笑中顿时化解。接着，大家便聚精会神地听他演奏了。

但是，如果开玩笑不掌握分寸，将会造成非常严重的后果。

有一次，时任美国总统里根到国会去参加一项会议。开会前，为了试一试麦克风是否已接通，他便信口开了一个玩笑，说："先生们请注意，五分钟后，我将对苏联进行轰炸。"

一语出口，全场哗然。后来，苏联针对此事提出了强烈抗议，搞得里根很难堪、很狼狈。

由此可见，开玩笑过度，将会造成无法挽回的后果。

当然，开玩笑还要看对象，因为每个人的性格、身份、心情不尽相同，对玩笑的承受能力也不同。所以，一个玩笑，你可以对此人开，却不可对彼人开。

一般来说，男性不宜同女性开玩笑，下级不宜同上司开玩笑，晚辈不宜同长辈开玩笑，普通人不宜同残疾人开玩笑。即便可以开一些玩笑，也只限于逗笑之类，而且要暗含尊敬、褒扬，不能放肆、轻佻。切忌揭人之短，尤其是残疾人之短处，他们对自己明摆着的短处已经深感自卑，如果你再同他开玩笑，他会认为这是一种有意的羞辱，因而易造成恶言相对的局面。

总之，开玩笑应是善意逗乐，促进彼此的感情交流，而不是恶意地取笑，占对方的便宜。所以，在开玩笑时一定要把握好分寸，这样才能真正成为沟通高手。

第九章

会求人，巧道歉，
别人更愿意接受

人在社会中，总会遇到有求于人的时候，也总会遇到向别人道歉的时候。能做到求人别人能答应，道歉别人能原谅，这才是聊天高手的过人之处。

01 | 能说会道好办事

在日常生活和工作中我们常常会有求于人，或求人办事，或求人给自己提供方便、机会等。

"求"有多种多样的方式，其中很大一部分需要口头提出。大凡有求于人者，总希望被求者乐意答应自己的请求。既然是这样，提出请求时也就得讲究一些技巧。人们不难发现，同样的"求"，不同的人用不同的方法表述出来，所得到的结果往往不一样。可见求人还需巧开口。

1. 替对方着想

有求于人时，还要替对方想一想，你提出的请求将会给对方造成哪些压力，可能存在哪些困难。这些难处，你说出来比由他本人说出来要好得多。"我知道这件事会给您添许多麻烦，但我没有别的门路，只能拜托您了。"这样说，较易使对方乐于为你做事。

2. 充满自信

有求于人时，要充满自信，才能说服对方。为了使我们所说的话具有说服力，切不可疑惧，应该满心欢喜地盼望，并充满自信。

3. 称颂在前

求人帮忙时，一般可先适度地称颂对方某一显著的优点。比如，称赞他乐于助人，称赞他头脑灵活、办法多，等等。真诚的称颂，可以博得对方的好感，别人也会心甘情愿地帮助你。

4. 切勿说"你也可以"

欲求别人时，切勿说"你也可以"。

善于说话的人，总是避免说出"你也可以"这种带有次等意味的话语，因为它会令听话者心生不快。所以谈话时决不可将对方当作代用品，而要激起对方的荣誉心，如："我认为这件工作还是由你来办最适合！""如果是你来做，一定能够办得更好，现在你可以立刻着手去做吗？"

在家中，母亲要求孩子做家务事时，也要避免说出"姐姐不在，你来做也可以"，应该改口说："你扫地很仔细，帮妈妈将客厅打扫一下好吗？"因为即使是小孩，也非常重视父母亲所给予的荣誉感及责任感。

5. 给对方以承诺

即在求助时许以互利的承诺，让对方觉得他的付出值得。求人时，别忘了表示愿意给对方某种回报或将牢记对方所提供的好处，即使不能马上回报对方，也一定会在对方用得着自己的时候鼎力相助。不用担心这种承诺会成为空头支票，没关系，尽管说，因为大凡求人者有这种意识，被求者也会对求助者多一分好感。而且，并不是任何一件求人的事都真的有回报。

6. 让对方无路可退

就是事先设计好交谈的语势，堵住对方的退路，使对方不得不接受你的请求。

有一次，某校针对学生流失严重的现象，计划召开家长大会。教务主任找到了书记，说："我现在把工作向您汇报一下……其中我校一个最突出的问题就是学生流失严重，这势必会带来不良影响。"书记接着说："是啊，这个问题不可忽视，应该很好地抓一抓。"主任就趁势说："所以，我们打算马上召开家长会，请您在会上作作指示。"说完，书记考虑片刻，便欣然答应了。后来，据书记讲，他本来已经有约在先，只是这事他不便推辞，只得舍彼求此。

7. 真诚地"捧"对方

所谓"真诚地捧"，在这里是指恰到好处、实事求是地称赞所求的人，而不是那种漫无边际、令人肉麻的吹捧。有求于人时，说点对方乐意听的话，尤其就与所求之事有关的方面顺便称赞对方，也不失为一种巧妙求人的办法。

一位老师想请一位业余篆刻艺术家刻一枚印章。得知来访者的意思后，这位业余篆刻家笑道："刻章啊，可以。不过现在是市场经济，请我刻印章是不是该付点钱啊？就便宜点吧，一个字100块。"虽是玩笑话，但这位老师也听出了篆刻家对经常有人请他刻章稍有抱怨之意，于是笑着说："您这话可只说对了一半哟。要能得到您刻的印章，理当付钱。可是，您刻的章何止一字100块呢？我要买其他东西，这家商店买不着可以换一家，可刻章除您之外别无他人可以刻出这韵味来，可谓是无价之宝，付多少报酬也不够啊。"几句话说得这位业余篆刻家心中舒泰，高高兴兴地为他精心刻了一枚印章。

8. 运用商量式语气

当你需要别人帮助时，切莫武断地发布命令，若用婉转、商量的口气，效果会更好。

比如，妻子从单位回来，对正在看书的丈夫说："今天我想加班做件衣服，你是不是去接孩子，再做做饭？"这种尊重对方的商量的口吻，对方是很乐意接受的。

这样说，不但达到了目的，而且使彼此关系和谐融洽。然而，如果使用命令的强硬口吻，一定会引起争吵。

从人们的接受心理看，盛气凌人、颐指气使的命令口吻，最易引起对方的反感；而人们对平等商量、诚恳请求却有一种天然的妥协性。因此，协商语气比起命令口吻来，更容易改变一个人的观点。在同事、家庭成员之间，应尽量采取这种方式。

9. 用激将法作最后一击

当你遇到某个最棘手的难题，也只有某人能解决得最好，但偏偏他又不大听你的话，你只有用激将法作最后一击。

一个人想推销自己的书，就找朋友帮忙。看准了对象，登门第一句话就说："伙计，你的朋友不少吧？你有力量帮我销20本书吗？"然后用探询的眼光注视着他。见他犹豫着，又补充了一句："如果你朋友少，又无力帮助，我就只好另找乐意帮忙的朋友了。"听了这话，那位朋友一拍胸脯就答应了。

这种方式只针对那种心直口快、好胜心强的人。

以上，我们分析了交谈中向别人提出请求时经常使用的一些方法。通过这些方法能达到两个目的：一能促使对方接受请求，二能避免出现提出请求却遭拒绝的难堪。这两个目的，达到了第一个，已经成功了；两个全达到了，就是上乘的成功。

02 | 酒言酒语办成事

在生活中，我们如果学会巧妙利用酒桌求人，可以办成在其他场合办不成的事。因为酒桌是将陌生人变为挚友的场合，也是办事的有效途径。

抗战前夕，蒋介石派他的侍从室主任晏道刚到驻扎在陕西的东北军任参谋长，可实际上却是去西北当监军，督促"剿共"。

晏道刚俨然以蒋介石的化身自居，趾高气扬。对此，东北军将领甚是反感，却又敢怒而不敢言。

在一次晏道刚出席的宴会上，正当大家尽情欢娱、举杯畅饮时，忽见东北军的一位军长连喝两口酒，把酒杯往身后一掷，前仰后合，一副醉态，这位军长正是王以哲。

他推开搀扶他的人，醉醺醺地说："不要拉我，让我讲几句话……我们的老家在东北，被日本鬼子占了，我们以为委员长能领导我们打回老家去。我们从东北到华北、华中,这次到了西北,辗转数千里,无非是想实现打回老家去的愿望!谁想,到陕西打仗,损失得不到补充,牺牲的官兵和家属得不到抚恤,阵亡的遗族流落西安,一点救济都没有。张学良副总司令的处境更让人伤心,他每月的特支费才10万元,还赶不上胡宗南一个师长,真令人悲伤啊!"

王以哲说着号啕大哭,泪流满面。在座的东北军将领无不感到悲痛和义愤,而晏道刚坐在席位上十分尴尬,不知所措。

在回家的路上,王以哲突然问随从:"你看我这出戏,演得怎样?"

随从先是吃惊,而后恍然大悟,说:"好,好得很,不但代表我们东北军慷慨陈词,也代表张副总司令倾吐出无法说出的心里话!"

真是"醉翁之意不在酒",王以哲并没喝醉,只是借酒撒疯,说话给晏道刚听的。

他把长期积在东北军官兵心中的郁闷,对蒋介石消极抗日、积极反共的强烈不满,以及对前途的担忧,一股脑儿地发泄了出来。

这些话,在国民党统治下,是"犯禁"的,在其他公开场合绝对不敢说。然而,王以哲利用酒席这个特殊的场合,不但说了,而且把对方置于有口难辩的境地。

在现实生活中,运用酒桌办事也会收到良好的效果。把酒言欢，大家心情比较好，可以说出一些在其他场合不便说的话，可以在轻松、融洽气氛中解决一些尴尬、棘手的问题，也可以提出一些在严肃场合不便提出的要求。当然有一个前提，不能违法违规。

03 托人办事的技巧

托人办事毕竟是件难事,但如果掌握了技巧,也就容易了。

1. 借别人的口说自己的话

西安事变前夕,张学良和杨虎城频繁晤面,都有心对蒋介石发难。可在对方没亮明态度之前,谁也不敢轻易开口。眼看时间越来越近,双方都是欲说还休。杨虎城手下有个著名的共产党员叫王炳南,张学良也认识。在又一次晤面中,杨虎城便以他投石问路,说道:"王炳南是个激进分子,他主张扣留蒋介石。"张学良立刻说道:"我看这也不失为一个办法。"于是,两个聪明的将军开始商谈行动计划。

2. 借轻松幽默的玩笑话说实事

庄重严肃的话题会使人紧张慎重,轻松幽默的话题往往能引起感情上的愉悦。所以当我们碰到庄重严肃的话题时,最好用轻松幽默的形式说出来,这样对方可能更容易接受。

一个年轻打工者在一家外资企业打工,在较短的时间内,连续两次提出合理化建议,使生产成本分别下降20%和30%。老板非常高兴,对他说:"小伙子,好好干,我不会亏待你的。"

这年轻人知道这句话可能意义重大,也可能不值一文。他想要点实在的,便轻松一笑,说:"我想你会把这句话放到我的薪水袋里。"老板会心一笑,爽快应道:"会的,一定会的。"不久他就获得了一个大红包和加薪奖励。

面对老板的鼓励,年轻人如果不是这样俏皮,而是坐下来认真严肃地提出加薪要求,并摆出若干条理由,会大煞风景,甚至适得其反。

3. 绕个弯子套对方说话

有的时候,一些话自己说出来会显得尴尬,这时,诱导对方先开口无疑是上上策。

李某准备借助于好友张某的路子做笔生意,在他将一笔巨款交给张某的第二天,张某暴病身亡。李某立刻陷入了两难境地:若开口追款,太刺激张某的家人;若不提此事,自己的局面又难以支撑。

帮忙料理完后事，李某是这样对张夫人说的："真没想到张哥走得这么早，我们的合作才开始呢。这样吧，嫂子，张哥的那些关系户你也认识，你就出面把这笔生意继续做下去吧，需要我跑腿的时候尽管说，吃苦花力气的事情我不怕。"

看他，丝毫没有追款的意思，还豪气冲天，义气感人，其实他明知张某的妻子没有能力也没有心思干下去。话中又加上巧妙的提醒：我只能跑腿花力气，不熟悉门路；困难不小，还又时不我待。

结果呢？张某的妻子反过来安慰他道："这次出事让你生意上受损失了，我也没法干下去了，你还是把钱拿回去再找机会吧。"

4. 用商量的口气

以商量的口气把要求办的事儿说出来不失为一种高明的办法。如："能不能快点把这事儿给办一下？""这事儿给办一下是不是可以？"装作自己没把握，把请求、建议等表达出来，给对方和自己留下充分的退路。例如："你可能不愿意去，不过我还是想麻烦你去一趟。"

在别人或者向别人提出建议时，如果在话语中表示人家可能不具备有关条件或意愿，那就不会强人所难，自己也显得很有分寸。

5. 央求不如婉求，劝导不如诱导

美国《纽约日报》总编辑雷特身边缺少一位精明干练的助理，他把目光瞄准了年轻的约翰·海。当时约翰刚从西班牙首都马德里卸除外交官职，正准备回家乡伊利诺伊州从事律师职业。雷特请他到联盟俱乐部吃饭，饭后，他提议请约翰到报社去玩玩。从许多电讯中，他找到了一条重要消息。那时恰巧国外新闻的编辑不在，于是他对约翰说："请坐下来，为明天的报纸写一段关于这消息的社论吧。"约翰自然无法拒绝，于是提起笔来就写。社论写得很棒，于是雷特请他再帮忙顶缺一个星期、一个月，渐渐地，干脆让他担任这一职务。约翰就这样在不知不觉中放弃了回家乡做律师的计划，留在纽约做了新闻记者。

由此可以得出一条规律：央求不如婉求，劝导不如诱导。

6. 变相"要挟"

一位幼儿园的老师是个非常热心的教育家。有一天，她到附近的图书馆去，想借一些有关幼儿教育的书。她询问图书馆的管理员："一个礼拜能否借20册书？"

图书馆的管理员告诉她："一个人一次只能借走三册，你借这么多是无法通融的。因为要借书的人并不只有你一个人。"

这个老师听了这些话后，很激动地说："我知道，那么，

以后我每周都带幼儿园的小朋友来,让他们每人都借一本。"原来很顽固的图书馆管理员听了她的话后,突然改变了态度,满足了老师的要求。

在这件事中,当幼儿园的老师提出要让幼儿园的每一个小朋友来借书时,图书馆管理员就打破了要遵守规定的规则。他虽然知道应该遵守规定,却很讨厌繁杂的工作,所以才突然满足了老师的要求。

为什么幼儿园老师能使这个固执的管理员改变他一贯的原则呢?主要就是潜在心理起作用。幼儿园老师采取的是声明"可以遵守规则",但"我每周都带幼儿园的小朋友来给你添麻烦"的策略,这里有两种潜在心理:要遵守规则和讨厌太过于琐碎、繁杂的工作。管理员在权衡两者后,由于实在不愿意让每个孩子都来借书,使自己工作更复杂,所以只好灵活处理。

04 | 借东西的技巧

向同事或朋友借东西,这是每个人都可能碰到的事。但是,由于借东西时所用的语言不同,其结果必然大不相同:有人如愿而归,也有人空手而返。借东西时,应当注意哪些语言技巧呢?

1. 不要用"肯不肯"发问

如果这样问,可能会使被借一方感到不快。因为,"肯不肯"包含两重意思:肯或者不肯。而后面一层意思明显地表明了你对别人的不信任,容易使人产生误会。即使你借到了东西,主人也未必是心甘情愿借给你的。

2. 求借语言因人而异

一般朋友,关系平常,不妨先试探一下,然后根据情况随机应变。

向好朋友借东西就不一样了,完全可以随便一些,知心朋友更应直截了当,以免让对方感到你虚伪。

比如借钱,老朋友之间可以这样说:"这两天手头紧,借点钱用用!"若是一般朋友,你不妨这样说:"唉,这几天花钱真多,买这样又买那样,到月底还有十多天,这日子过得真紧!"如果对方也大谈钱如何如何不够用之类的话,你就不宜开口提要求了。因为,对方的意思很明显:他不想借或真的借不出。若朋友能悟出你的意思,主动提出帮助你,那你再说借款数字。

3. 借物不成也要注意礼节

许多人借东西时,一般能够使用商量发问语,诸如"你的××东西,借用一下可以吗?"之类,但如果对方婉拒后,有些人往往"噢"的一声拔腿就走。这一举动常令对方感到不快,因为他会误以为你借物不成顿生了怨气。所以,即使借物不成,也应道一声"没关系",对方会因你的谅解而欣慰。

4. 告诉归还时间

告之归还时间,这样,对方才会乐意借物于你。因为不愿借物的人大都是因为怕对方不能速还或者损坏。所以,向人借东西,除了精心爱护他人物品外,还要尽可能早一些归还。而借物时便告知对方归还时间，这样就会缓解借物时对方的心理负担。因此，即使对方说"唉，你说到哪里去了！"你仍然别忘了说上一句"几天后（或几小时后）一定还你！"然后，一定要守信，为下次办事奠定基础。

05 ｜ 道歉贵在诚恳

与人交往，不可避免地会说错话、做错事，得罪人也就在所难免了。严重时，甚至给别人造成不必要的精神负担和经济损失。对此，我们需要及时认识到自己的错误，诚恳道歉，并且主动承担责任，一般情况下，都能得到别人的原谅。

道歉必须及时。即使不能马上道歉，也要日后找准时机表示歉意。认错、道歉还要真心实意，不必为作过多的辩解而找客观理由。即使确有非解释不可的客观原因，也最好在诚恳道歉之后略为解释，而不宜一开口就辩解不休。否则，只会扩大双方思想感情的裂痕，加深彼此的隔阂。

诚心诚意地道歉，不必躲躲闪闪、羞羞答答，更不要夸大其词、奴颜婢膝，一味地往自己脸上抹黑。那样，别人不仅不会接受你的道歉，甚至还会觉得你很虚伪。道歉时，应该语气温和、坦诚直率、堂堂正正。

有时，没有错也需要道歉。例如，由于客观原因，如变幻无常的天气情况、出乎意料的交通事故等，你没有准时赴约或耽误了时机，给对方造成了麻烦和损失，为什么不道歉呢？如果一味找客观原因，虽然对方表面上不会责怪，但内心还是有所抱怨的，那就不利于增进友谊。

如果你有求于人，对方尽了最大的努力办成了事，但也因此遇到了超乎想象的麻烦；或由于受多方面条件的限制，事未办成，而他为此却付出了艰巨的劳动。这时，为什么不能表示自己发自肺腑的谢意和歉意呢？这体现了对他人劳动的尊重，而且以后有求于他时，也好再开口。

对方不听劝告，闯下大祸，他本人已经遭受到了巨大损失，这时你先慰问，再对自己没有再三劝阻表示歉意。以后，再利用适当的时机和场合，共同总结经验教训。凡通情达理者，必会万分感激，并把你当成可信赖的朋友。

第十章
职场好口才，
才能左右逢源

职场如战场，口才是武器；职场又是情谊场，口才是鲜花。会说话的人，在职场总是能纵横驰骋，友谊处处开花，人生左右逢源。

01 | 与上司应对之术

上司并不难应付，掌握以下几点，就可以做到。

1. 尽可能为上司搞好公共关系

在他人面前，委婉说明上司的优点、长处以及对属下的照顾。在上司面前，也要常常赞许同事的品德和才能，以拉近公司上下的距离，增进公司内部的团结。一个好的上司并不会喜欢有人在他面前搬弄是非，他会认为"说人是非者，必是是非人"。

2. 在上司情绪激动时，最好暂时保持缄默

当上司因某事生气时，不妨先谦逊地接受批评。如果不全是你的过错，等到上司心平气和时再加以解释，这不仅可以避免关系破裂，同时也是为上司排忧解难的表现。

3. 要懂得察言观色，适时说话

当上司身体不适或心情不愉快时，最好不要向他请示一些无关痛痒的小问题。另外，不要常常向上司报告业务进展的困难之处，如果遇到困难，一定要同时提出解决困难的有效办法。否则，很容易使上司低估你的办事能力。

4. 请示上司时避免过分强调某一种理由

有事要向上司请示时，应该就问题的正反两方面说明其理由，再依实际的情况以及未来可能的发展，提出难易程度不同的几种处理办法，让上司考虑、决定。除非确有必要，否则应尽量避免过分强调某一种理由或是直率地肯定某一办法，以免引起上司的质疑和反感。

5. 不要在同事面前公开批评上司

无论丑化上司的私生活或者嘲笑上司的专业，这些不单是隐私和自尊心的问题，而且违背做人的基本原则。

6. 对上司应该忠诚

如果在负责的事务上有两位以上的上司，你应该认清谁是你真正的顶头上司，如果有相关事务上的问题，应向直属的上司请教,并获得他的信赖与支持。另一位主管交代的事,如果无冲突,你要尽力去做好;如果与直属上司的意见相冲突,你应该以委婉谦逊的态度拒绝。千万不可心存投机,想两面讨好,否则很可能会左右为难,得不偿失。

7. 尊重上司决定

当他交代你办事或批评你的成果时,你不可与之争辩;在上司尚未作出决定之前,你可以向他表明自己的看法、建议,一旦他已经决定,最好不要坚持己见。

8. 不要当面批评上司的错误

上司也会做错事情,他和我们一样会有偏见、喜怒,当然也会有判断失误的时候。因此,如果上司犯错误,千万不可当面指责,更不能在其背后取笑,以免使上司对你心存芥蒂。

9. 凡是公事都应该告知上司

上司对于公司的业务、行政必须下判断、作决定,因此他需要对事情有全盘的了解。所以,当你与上司谈话时,应该详细告知你所了解的情况。

10. 与上司谈话,态度应不卑不亢

尽管我们个人在能力和成就上有所差异,但人格是平等

的，虽然对上司必须怀有敬意，但这并不表示和上司说话时要态度卑微、千方百计讨好他。一般而言，许多上司并不喜欢职员太过谦卑，反而希望自己的职员能自信地表达自己的想法及见解。

向上司提出建议或构想时，可以引述一些成功的先例，或是一些哲理，让上司在无意之中采纳你的意见。

另外，与上司谈话时的态度不要太过严肃，不妨以较轻松自然的口吻和对方讨论，并向上司请教自己的提议是否有需要改进的地方。

11. 要了解上司的脾气

有些上司喜欢你有事随时和他商量，有的上司则要你先打电话预约或是先用文书说明。如果你有事要和上司讨论，应该先明白自己要讨论的主题是什么、立场是什么，最好选择上司较有空闲、心情较佳的时机，这样你的意见也较容易被接受。

02 | 怎样拒绝上司的要求

在职场中，我们也时常碰到一些上司的要求。当你力不能及而不得不表示拒绝时，千万不要马上表示不可接受。而应先谢谢他对你的信任和看重，并表示很乐意为他效劳，再含蓄地说明自己爱莫能助的困难。这样，彼此都可以接受，不至于把事情弄得很不愉快。

你也不可一味地拒绝。尽管你拒绝的理由冠冕堂皇，但是上司也许仍坚持非你不行。这时，你便不能一味地拒绝，否则，上司可能会以为你只是在推托，从而怀疑你的工作干劲儿和工作能力，以致失去对你的信任，在以后的工作中，有意无意地使你与机会失之交臂。那么，如何才能两全其美呢？

提出合理的接替方法。对上司所交代的事，你不能接受又无法拒绝，这时，你可得仔细考虑，千万不可怒气冲天、拂袖而去。你可以与上司共商对策，或者说："既然这样，那么过一天，等我手头的工作告一段落，就开始做，你看怎么样？"你也可以在向上司表示自己一定会去给他出点子的，同时提建议推荐一位能力相当的人。这样，你一定能进一步赢得上司的理解和信任，也会为你以后的工作、生活铺开一条平坦的大道，因为上司也是和你一样普普通通、有血有肉、有感情的人。

三国时期的华歆在孙权手下时，名声很大，曹操知道后，便请皇帝下诏召华歆进京。华歆起程的时候，亲朋好友千余人前来相送，赠送了他几百斤黄金和礼物。华歆不想接受这些礼物，但他想，如果当面谢绝肯定会使朋友们扫兴，伤害朋友之间的感情。于是他便暂时来者不拒，将礼物统统收下来，并在所收的礼物上偷偷记下送礼人的名字，以备原物奉还。

华歆设宴款待众多朋友，酒宴即将结束的时候，华歆站起来对朋友们说："我本来不想拒绝各位的好意，却没想到收到这么多的礼物。但是，匹夫无罪，怀璧其罪。我单车远行，有这么多贵重之物在身，诸位想想我是否有点太危险了呢？"

朋友们听出了华歆的意思，知道他不想收受礼物，又不好明说，使大家都没面子，他们内心里对华歆产生了敬意，便各自取回了自己的东西。

假使华歆当面谢绝朋友们的馈赠，试想千余人，不知道要推却到什么时候，也不知要费多少口舌，搞得大家都很扫兴，使大家都非常尴尬。而华歆却只说了几句话便推却了众人的礼物，又没有伤害大家的感情，还赢得了众人的叹服，真可谓一箭双雕。

华歆为什么能够成功地谢绝馈赠呢？

这主要是因为华歆注意保全朋友们的面子，他在拒绝朋友时，没有坦言相告，而是找了一个危害自身安全的理由，虽然朋友们也知道他是在故意推辞，但不会因此生气，因为华歆委婉的拒绝并没有让他们丢面子，也没有令他们跌身份。

找一个适当的借口拒绝对方。拒绝的理由一定要充足。正如上例，首先设身处地，表明自己对这项工作的重视，希望自己能接受的心情；其次表明自己的遗憾，具体说明自己为什么不能接受，如说："我有件紧急工作必须在这两天赶出来。"充足的理由、诚恳的态度一定能取得上司的理解。

03 | 用温和的讨论代替争吵

与同事意见有分歧,完全可以讨论,但不要争吵。只要出于善意,讨论也始终对事不对人,同样会令双方像好友促膝长谈一样有所收获。相反,那种毫无分寸和理智的争吵,一方激烈地攻击另一方,同时拼命地维护自己,这正是有良好教养的人所不为、也不该为的事。

不能说凡是发怒的人,看法都是错误的,只能说他不懂得如何表述自己的见解。

讨论的原则是:要用无可辩驳的事实及从容镇静的声音,努力不让对方厌烦,不迫使对方沉默而达到说服对方的目的。讨论应该保持冷静、理智和幽默感。只要你能够听我说,我也愿意听你讲,我们能让自己专注于问题的讨论而不是引向感情用事或固执己见,那么讨论就不至于降格为争吵。

争吵使人们分离，而讨论却能使人们结合在一起。

不论你用什么方式指责别人，如用一个眼神、一种说话的声调、一个手势等，你告诉他错了，你以为他会同意你吗？恐怕不会。因为你直接打击了他的智慧、判断力、荣耀和自尊心，这反而会使他想着反击你，而不会使他改变主意。

因此，尽量不要这样开场："好，我证明给你看。"这句话等于说："我比你更聪明。我要告诉你一些事，使你改变看法。"这是一种挑战，在同事间会引起争端，在你尚未开始之前，对方已经准备迎战了。

即使在最温和的情况下，要改变别人的主意也不容易。为什么要使你自己的困难增加更多呢？为什么要采取更激烈的方式使他更不容易改变呢？如果你要证明什么，不要让任何人看出来。这就需要运用技巧，使对方察觉不出来。300多年以前，意大利天文学家伽利略说："必须用若无实有的方式教导别人，提醒他不知道的事情好像是他忘记的。你不可能教会一个人做任何事情，你只能帮助他自己学会做这件事情。"

如果有人说了一句你认为错误的话，你可以这样说："是这样的，我倒另有一种想法，但也许不对。我常常会弄错，如果我弄错了，我很愿意纠正过来。我们来看看问题的所在吧。"用这种句子会得到神奇的效果。无论在什么场合，没有人会反对你说"我也许不对，我们来看看问题的所在"。

在同事面前你承认自己也许会弄错，就绝不会惹上麻烦。

这样做，不但会避免不必要的争执，而且可以使对方跟你一样宽宏大度，承认他也可能弄错。

怎样和同事进行富有成效的讨论呢？

1. 学会提问

在你与同事的讨论中，提问是一个重要的驱动力量。通过对重要问题进行提问的方式，你就能对某个话题进行探讨、思考。提问的过程会逐渐揭示出支持各种观点的理由和根据。

2. 增进了解

当你与同事探讨问题时，你常常是从不同意他的观点开始的。实际上，这是你之所以参加讨论的重要原因之一。然而，在一个有效的讨论中，你主要的目的应该是增进了解，而不应该是不遗余力地去证明自己观点的正确性。

如果你决定要证明你是正确的，那么，你就不可能容纳他人与你不同的看法。而作为一个成熟的思考者，努力地从不同的角度看问题，特别是站在与你有不同观点的人的立场上看问题，也是扩大你的视野，确立有根据的信仰的一种方法。

3. 观点讲清楚，理由讲明白

每一次有意义的思想交流，都要从参加者清楚地表达他们的观点开始。为了让同事准确地理解你在讨论什么，你需要"界定概念",并为你的观点提供有说服力的支持:你得出这样的观点是基于怎样的理由和根据。

4. 听懂对方的意思,作出思考的反应

进行富有成效的讨论并对工作内容提出有建设性的意见是员工们的共同的责任,也是一个平等交流的过程。其中,在就一些问题和同事进行讨论的同时,必须注意对方观点的细微之处。在这种情况下,聆听不是一个被动的活动,而是一个积极的思考活动。你需要设法去理解你正在听的对方的思想活动过程,然后你需要对对方提出的观点作出直接的回答,而不能简单地试图阐明自己的观点。

04 | 巧言应对下属的借口

一位士兵不想服役，于是找了各种借口要求退役。

一次，他对军事长官说："你看我身体瘦弱，在战场上和敌人肉搏时，肯定不是敌人的对手，所以不适宜当兵。"

军事长官说："这没有关系，经过一段时间军训后，你的体能和技能将有很大提高。何况现在的战争是现代化战争，一般不需要肉搏。"

那位士兵马上说："可我个子不高啊。"

军事长官笑着说："这更好啊。个子高了，露在战壕外边的头颅很可能被敌人的流弹击中。"

士兵忙又说："长官，我跑得不快。等到冲锋时，我老是落在别人的后面呀！"

军事长官说："这不要紧，等你先跑到敌人眼皮底下，我们再吹冲锋号。"

那个士兵看到这些理由不奏效,急了,赶忙再次争辩:"长官,我是个色盲,颜色都辨不清,怎么能上战场呢?"

军事长官说:"小伙子,这正是你的优点啊,一旦战斗中负了伤,流了血,而你又分辨不清红绿颜色,这样就不会过分地刺激你的大脑神经。"

士兵发现还是不行,就拿出了自己的最后绝招:"长官,我是一个近视眼,您总不能让一个连靶子都瞄不准的人上战场吧?"

军事长官微微一笑:"那我就把你送到最前沿的阵地上去,你总能看见敌人了吧!"

这个士兵本想找个借口不再服役,结果反而把自己推到了阵地的最前沿,真是可悲。但也可看出,军事长官一开始就吃透了士兵的真实用心,利用语言的技巧,既暴露了对方的意图,又达到了自己的目的。如果直接批评和指责士兵,效果就远不如这样好了。

05 | 向下属下达命令的语言技巧

下达命令是一种需要技巧和专长的微妙艺术。如果你想要在你所选定的领域中获得成功，就必须知道如何通过你的命令、指挥去控制别人的行为，因为你不能一味地强迫下属去做你想让他们做的工作，你必须学会如何运用特殊的领导手段让他们心甘情愿地为你效力，使他们既尊重你又服从你。

掌握了以下几条技巧，你下达命令时便会胸有成竹，你的下属除非故意冒犯，否则找不出理由不贯彻执行命令。

1. 命令不要太复杂，要尽量简单

在商业上，那些利润最多的公司都是在各方面力求简洁的公司，他们有简洁的策略思想，有简单的计划和执行纲领，

对做决策的责任也有专门的安排，简化行政管理程序，取消繁文缛节，采用简单的直接联系。成功的商业公司各个方面都尽可能地保持着简朴的工作作风。

在军队中也使用同样的原则，简单是战争的一个准则。最好的计划应该是在制订、表达和执行上都不复杂的计划，这样的计划也更便于大家理解。一个简单的计划也会减少出现错误的机会，其简洁性也会加快执行的速度。

2.命令应简要中肯，只强调结果，不强调方法

为了达到这个目的，可采用任务式的命令。任务式的命令是告诉一个人你要他做什么和什么时候做，而不是告诉他如何去做。"如何做"那是留给他去考虑的问题。任务式的命令为那些替你工作的人敞开了可以调动他们的想象力、主观能动性和独创性的大门。不管你的路线是什么，这种命令的方式都会把人引导到做事的正确道路上去。如果你是在为你自己做生意，改善方式和方法就意味着增加利润。

当人们准确地知道你所需要的结果是什么的时候，当他们准确地知道他们的工作是什么的时候，你就可以分散权威和更有效地监督他们的工作。

当你发布使人容易明白的简洁而清楚的命令时，人们就会知道你想做什么，他们也就会马上开始去做。他们没有必要一次又一次地回到你那里，以弄清楚你说的话。在多数情

况下，一个人没有为你做好工作的主要原因就是他或者她没有真正弄明白你要做什么。如果你希望别人丝毫不走样地执行你的命令，那么命令的简单明了是绝对必要的。

06 | 得体地拒绝员工的要求

所有人都想顺人意、讨人爱,但在工作中难免要拒绝别人的一些要求——有的要求合情合理,有的却可能是非分要求。下面是一些管理者非坚持立场不可的例子:

1. 员工要求改变上下班时间

照顾子女、交通问题以及其他事情常常给员工带来困难。能与员工配合,帮他们渡过暂时的难关当然好,但不一定总得帮上忙。

如果员工感到你对他的困难漠不关心,他就很有可能另谋高就。所以,怎么说"不行"一定要讲究技巧。

有些时候,准许员工偶尔迟到或早一点走,不是什么大不了的问题。重要的是一定要事先征得你的同意,不然你迟早会发现下属自行其是地确定上下班时间。

有时你准许某个员工提前下班,而有时候又不得不拒绝这类要求,这时一定要跟员工讲清楚原因,否则他们会认为你办事没有原则或偏袒某些人。

具体处理时要尽可能灵活,探讨各种可能的办法,这样即便是拒绝他的请求,你为此所做的努力也有助于消除员工的怨恨。

2. 员工要求调到另一部门

如果是最得力的员工请求调动,而且是在大忙时节,或在一时找不到人顶替的时候,千万不要断然拒绝,因为那样会使一个好员工消沉下去。

你应该跟他坐下来谈谈为什么要请调。你会发现促使他请调的原因可能与工作无关,可能是他与某位同事关系紧张,也可能是由于一些通过调整工作可以解决的问题,通过交谈才会发现问题在哪里。

如果谈话毫无结果,没有什么能使他改变调动的想法,你只有拒绝。但要尽可能减少给他造成的消极影响,尽量给他一线希望。比如可以说:"现在不能调,过一两个月再看看有没有机会。"

这样做不仅为你赢得了考虑其他可能性的时间,而且在这段时间里,员工的想法也可能发生变化。不管怎样,对员工的调动要求表现出关心,有助于减轻拒绝对员工造成的伤害。

3. 不能批准员工休假

有两种情况：要么是你的下属没有按照安排休假计划的规定办事，要么是这段时间已经安排给其他员工休假了。

要是前一种情况，就应该让下属知道他没有遵守规定。你应该这么对他说："很抱歉，我们打算在那个星期盘点存货，一个人手也不能缺。你知道，正因为这样我们才规定每年的一月安排休假计划。"

有时，员工的请假要求与别人预先计划好的休假有冲突。遇到这种情况，你要让他明白，批假的原则是"先申请先安排"，所以不能批准他的请求。不过，可以准许他与已安排休假的那个员工协商调换休假日期。

4. 员工要求加薪或升职

遇到那些特别尽职尽力的员工请求加薪或升职时，要开口说"不行"实在是一件很为难的事。特别是有时员工的职位、薪酬早该变了，但预算紧缩，生意清淡，或其他因素使你无法对他们的勤勉予以奖励，要说"不行"更是难上加难。这时，最好如实相告，说清楚为什么不能升职或加薪。

处理这类问题时，切忌做超出你职权的承诺。即便你做出承诺也要视将来情况而定，如等生意出现转机、预算松动之后等，员工仍可能把它看成是正式的承诺。

07 | 选择恰当的离职原因

当你去面试的时候,往往会被问到你离开原单位的原因。对这个看似简单的问题,回答时切不可掉以轻心。因为面试考官能从中获得很多有关你的信息,关系你是否会被录用。

下面一些原因要慎之又慎,否则,很有可能使你的面试陷入僵局。

1. 关于人际关系复杂

现代企业讲求团队精神,所有成员都要求具有与别人合作的能力。你对处理人际关系的胆怯和躲避,可能会被认为你心态不佳,处于忧郁、焦躁、孤独的心境之中,从而妨碍了你的就业机会。

2. 分配不公平

现在企业中实行效益薪金,浮动工资制度是很普遍的,目的在于用物质刺激手段提高业绩和效益。同时,很多单位采取了员工收入保密的措施。如果你在面试时将此作为离开原单位的借口,一方面你将失去竞争优势,另一方面面试考官会认为你有爱打探别人收入乃至隐私的嫌疑。

3. 关于竞争过于激烈

随着市场化程度的提高,无论企业内部还是同行业间,竞争都日趋激烈,这是无法避免的。作为现代企业的员工,你必须具备适应激烈竞争环境的能力。

选择一个合适的离职原因,有利于你赢得主考官的好感,从而避免自己与新的工作岗位擦肩而过。

4. 关于上司的不好

对你的前任上司切不可妄加评论,要知道现在招聘你的考官可能就是你未来的上司,既然你可以在他面前说过去的上司不好,难保你今后不在别人面前对他说三道四。一个人要在社会中生存,就得与各种各样的人打交道,挑剔上司说明你对工作缺乏适应性。

小刘是一位很有工作经验和工作能力的女秘书。当招聘她的女经理问她:"小姐,你人这么美,学历又高,举止又优雅,难道你原来的上司不喜欢你吗?"小刘微笑着说:"也许正是因为美的缘故,我才离开原来的公司。我宁愿老板事多累下人,也不希望他们'情多累美人'。我想在您手下工作,一定会省去许多不必要的累。"小刘并没有说"老东家"的好与不好,但一句"情多累美人"既让人同情又让人爱怜,结果小刘很顺利地走上了新岗位。

5. 关于工作压力太大

在这个快节奏的现代社会,无论是在企业内部还是在同行业之间,竞争都很激烈。如果你动不动就说,在原单位工作压力太大,很难适应,很可能让现在的招聘单位对你失去信心。

汪小寒原是某经济报专刊部的记者,报社不仅要求记者一个月完成多少字的文稿,而且还要负责拉广告。中文系毕业的他对家电、电脑的市场行情一窍不通,要写这方面的文章,感到压力太大,于是他到商报应聘新闻记者。负责招聘的考官问他:"你是否觉得在经济报的工作压力太大?"汪小寒说:"作为年轻人,工作压力大点没关系,最重要的是希望找到能发挥自己专长的工作岗位。"结果汪小寒如愿以偿地进了商报社,文章也频频得奖,很快当上了新闻部主任。

6. 关于收入太低

如果你直截了当地说出这句话,面试考官一定认为你是单纯地为了收入，而且太计较个人得失，并且会在心里说："如果有更高收入的工作，你肯定会毫不犹豫地跳槽而去的。"这种理念一旦形成，考官就可能对你不理不睬。

李晓敏原在一家效益较差的企业做文案工作，到现在的单位应聘时，考官便问他："你是不是觉得原来收入太少，才跳槽过来的？"李晓敏说："在原单位我的工资还算高的，关键我学的是财会专业，又有会计师职称，来应聘会计职位是最适合不过的了。"

在回答这类问题的时候，求职者既要表明对原单位的薪金不满，又要表明这并不是你离开原单位的主要原因。这样既有利于你在新单位获得更高的薪金，又让面试考官觉得你并非只是因为薪金问题才离职的。

第十一章

把握谈判策略，
瞬间掌握话语权

人生无处不谈判，不管你喜不喜欢，谈判是免不了的事。只有会说话，才能把握时间、赢得主动，做到进退自如、攻守得当，才能谈出利多人和的双赢结果。

01 | 和蔼可亲的谈判韬略

关于谈判之道,一位专家曾这样说:"一个老谋深算的人应该对任何人都不说威胁之词,不发辱骂之言,因为二者都不能削弱敌手的力量。威胁会使他们更加谨慎,使谈判更艰难;辱骂会增加他们的怨恨,并使他们耿耿于怀以言辞伤害你。"

谈判不同于决一胜负的棋赛。如果纯粹以一决雌雄的态度展开谈判,谈判者势必就要竭力压倒对方,以达到自己单方面期望的目标,即使善于巧言令色,也要冒一败涂地的风险。因为推动人们谈判的动力是"需要",双方的需要和对需要的满足是谈判的共同基础,对于共同利益的追求是取得一致的巨大动力。因此,真正成功的谈判,每一方都是胜者。

一般说来,谈判可分为合作性谈判和竞争性谈判两大类型。不管是哪种类型的谈判都必须和"言"悦色地"烧热炉灶"，以创造融洽气氛，沟通谈判双方，建立相互信任的人际关系。常用的方法有：

1. 礼貌用语，以"和"为贵

有个美国人到曼哈顿出差，想在报摊上买份报纸，发现未带零钱，只好递过10美元整钞对报贩说："找钱吧！"谁知报贩很不高兴地回答道："先生，我可不是在上下班时来替人找零钱的。"这时，等在马路对面的朋友想换种说话方式去碰碰运气。他过来对报贩说："先生，对不起，不知你是否愿意帮助我解决这个困难，我是外地来的，想买份这儿的报纸，但只有一张10元的钞票，该怎么办？"结果，报贩毫不犹豫地把一份报纸递给了他，并且友好地说："拿去吧，等有了零钱再给我。"后者的成功在于礼貌待人，和言暖心，满足了对方获得尊重的需要，终于取得了对方的合作。

在谈判中，即使受了对方不礼貌的过激言辞的刺激，也应保持头脑冷静，尽量以柔和礼貌的语言表述自己的意见，不仅语调温和，而且遣词造句都应适合谈判场面的需要。尽量避免使用一些极端用语，诸如："行不行？不行就算了。""就这样定了，否则拉倒！"这些话会激怒对方，从而把谈判引向破裂。

2. 改变人称，勿加评判

在谈判过程中，即使你的意见是正确的，也不要动辄对对方的行为和动机妄加评判，因为如果谈判失误，将会造成对立而难以合作。如发现对方对某项统计资料的计算方式不合理时，就贸然评论说："你对增长率的计算方式全都错了。"对方听了，显然一下子难以接受。如果将这句话改变人称并换一种表述方式，其效果就大相径庭了："我的统计结果和你的有所不同，我是这样计算的……"对方听后就不会产生反感了。

这种方法的诀窍是：将"你"换成"我"，将评判的口吻改成自我感受的口吻。在一般的场合应注意尽量避免使用以"我"为中心的提示语，诸如"我认为……""依我看……""我的看法是……"等。

3. 多用肯定，婉言否决

首先，在谈判中不同意对方的观点时，不要直接用"不"这个具有强烈对立色彩的字眼。即使对方态度粗暴，也应和颜悦色地用肯定的句型来表述否定的意思。比如，当对方情绪激动、措辞逆耳时，也不要指责说："你这样发火是没有道理的。"而应换之以肯定句说："我完全理解你的感情。"这样说既婉转地暗示我并不赞成你这么做，又使对方听了十分悦耳，有助于缓解谈判气氛。

其次，当谈判陷入僵局时，也不要使用任何否定对方的字眼，而要不失风度地说："在目前情况下，我们最多也只能做到这一步了。"

最后,有时为了不冒犯对方,可适当运用"转折"技巧,即先予以肯定、宽慰,再转折,委婉地否定,并阐明自己的难处,比如:"是呀,但是……""我理解你的处境,但是……""我完全懂得你的意思,也完全赞成你的意见,但是……"。这种貌似承诺,实则什么也没接受的语言表达方式,体现了"将心比心"这一古老的心理战术。它表达了对对方的同情和理解,而赢得的却是"但是"以后所包含的内容。

02 | 出奇制胜，斗智斗谋

出色的谈判大师总是工于心计，巧于言辞，在谈判桌上运用自己的口才和智慧与对手展开智慧谋略的较量。

1. 虚拟假设

所谓虚拟假设，首先是分析利害，迫使对方选择让步。

1977年8月，克罗地亚人劫持了美国环球航空公司的一架班机，最后，迫降在法国戴高乐机场。法国警方与劫持者进行了三天的谈判，双方陷入僵局后，警方运用虚拟假设向对方发出了最后通牒："如果你们现在放下武器跟美方警察回去，你们最多不过判处2至4年的监禁；但是，如果我们不得不逮捕你们，按照法国的法律，你们将被判处死刑。你们愿走哪条路呢？"劫持者只好选择了投降。

虚拟假设的另一作用是诱使对方进入圈套，以便自己如愿以偿。

美国谈判大师荷伯·科恩一次飞往墨西哥城主持一个谈判研讨会。抵达目的地时，旅馆告之客满。此时，荷伯施展了他的看家本领，找到了旅馆经理问："如果墨西哥总统来了怎么办？你们是否要给他一个房间？"

经理回答："是的，先生。"

荷伯接着说："好吧，他没有来。所以，我住他那间。"结果他顺利地住进了总统套房，不过附加条件是，总统来了必须立即让出，而这个概率是很小的。

用虚拟假设的方法，往往可以使对方陷入没有退路的境地，有利于自己达到目的，是谈判绝妙的计策。

2. 转换话题

在什么场合下需要转换话题呢？想避开于己方不利的话题，想避开争论的焦点，想拖延对某个问题的决定，想把问题引向对己方有利的方向，想转换阐述问题的角度以说服对方。

会谈时，应把建议的重点放在对己方有利的问题上，不要直接回答对己方不利的问题，这时，可绕着弯子解释或提出新问题。如在一次军事谈判中，双方对撤军时限争执不下，对方提出："我们是否再深入讨论一下撤军的期限问题呢？"如果一方千方百计想延缓撤军时间的话，则可"顾左右而言他",或者说:"我们双方在撤军的条件上已基本取得一致了,能否再谈谈撤军的路线呢?"如果转换话题仍不能打破僵局,则可建议暂时休会,让大家放松一下。这样,可取得使双方冷静思考的积极效果。

3. 用语灵活

所谓"看人说话,量体裁衣",灵活地运用语言是谈判取得成功的重要手段。

对不同的对象应使用不同的话语。对方用语朴实无华,己方说话也无须过多修饰;对方话语爽直、干脆,己方就不要迂回曲折,含义晦涩。总之,为适应对方的学识、气度、修养而随时调整己方的说话语气和用词,是最有效的沟通方法。

同样的意思可以用不同的语气或词汇来表达,直陈的语气可以表示强硬的立场、对立的态度。

例如,"你的看法完全错误"显得生硬而武断。同样的意思若用委婉的语气或词汇来表达则可显示灵活的立场、合作的态度。"你的看法值得商榷"这种表述方式既使对方易于接受,又给己方留有余地,是用语弹性的又一体现。

此外,用语灵活还体现在模糊语言的选用上。

在外交谈判中,有时直陈其言、正面表态往往会让自己陷于被动的局面,这时模糊语言可产生奇效。例如:

A:阁下的声明是否表示贵国政府对××协定的成效有

所怀疑?

B:我不准备这样说,当然你可以按自己的理解去解释。

虽对协定的成效有所怀疑,但没有正面回答,而是含糊其辞,不让对方抓住把柄,避免对己方不利。

总之,出奇制胜的谈判方式有利于谈判者以最快的速度取得胜利。

03 | 仔细观察，话语随机

仔细倾听对方的发言，注意对方语言的表达方式、重复语句以及语气、声调等，都可以发现对方思想、愿望和需求的线索。

一个人的谈话或陈述，在许多情况下都具有多层含义。要确切了解对方的意思，只有善于倾听，才能从对方的话里捕捉到对你有用的信息。

在谈判中，密切观察对方态度的变化也相当重要。身体动作、手势、眨眼、面部表情和咳嗽等，都能表示多种含义。有时谈判者会有意识地用这些代替有声语言，特别是在不允许或不宜用语言表达的时候。如咳嗽，有时表示紧张不安，有时用来掩饰谎话，有时表示怀疑和惊讶。在某一时刻，一个举止又不仅仅表示一个意思，这就要求谈判者善于联系对方的态度和言谈举止加以辨别。

在谈判中，可以通过巧妙提问、说话听声等方法，悉心聆听，摸清对方的需求，不失时机地制订己方的谈判策略。

1. 巧妙提问

谈判中常运用提问作为了解对方需求、掌握对方心理的手段。在对方滔滔不绝的议论中，利用提问随时控制谈话的方向，并鼓励对方说出自己的意见。谈判提问的技巧体现在"问什么""何时问"与"怎样问"上。

（1）问什么

要问能引起他人注意的问题，促使谈判顺利进行；要问能获取所需信息的问题，以此摸清对方底细；要问能引起对方思考的问题，控制对方思考的方向；要问能引导对方作出结论的问题，达到己方的目的；要问有已知答案的问题，用以证明对方的诚实与可信度。

（2）何时问

在谈判开始时，为表示礼貌与尊重，应取得对方的同意再发问，对陌生的对方更应如此。对方没有答复完前一个问题，不要急于提出下一个问题。重要的问题要预先设想对方可能给出的答案，并针对不同答案设计好对策后再提问。充分总结每次谈判经验，预测对方在下一轮谈判中可能提出的问题，做好充分准备后再提问。

（3）怎样问

不提有敌意的、带威胁性的问题；不提指责对方诚意的问题；不提自我炫耀、显示己方优越性的问题。由广泛的问题着手，再移向特定的问题，将有助于缩短相互沟通的时间，提高谈判效率。要有耐心继续追问对方回答得不完整的问题，并尽量根据前一问题的答案构思下一个问题。要敢于提出对方故意回避的问题，提出这类敏感的问题时，应说明发问理由。只要有可能，应将问题设计成足以获得肯定或否定答案的形态。一系列这种类型的问题，可促使对方养成提供正面肯定或否定答复的习惯。

2. 说话听声

俗话说：锣鼓听音，说话听声。谈判中也应如此。

悉心聆听对方吐露的每个字，注意他的措辞、选择的表述方式、语气乃至声调，是发现对方需要的一个重要途径。

任何一种说话方式，都可以有至少两个方面的意思。乍一看来，某些提法似乎表面上自相矛盾，然而在一定条件下和一定范围内，你就会发现它具有的深层含义。

在谈判中，对方常以语言作为伪装，借以表达自己的"真诚"，以混淆视听。对这种言不由衷的把戏一定要警惕。

在谈判中，常听到对方说"顺便提一下……"企图给人一种印象：他要说的事是刚巧想起来的，但是，十有八九，这件"顺便"提起的事恰恰非常重要,他漫不经心地提出,只是故作姿态而已。因此,在这种情况下,往往应从反面理解对方一些"动听"的言辞,诸如用"老实说""说真的""坦率地说……""真诚地说……"这样一些词语来提起话头,正说明他既不"坦率",也不"老实",更不"真诚"。

另外,根据对方怎么说,而不是说什么,去发现其态度的变化。如气氛融洽时,熟识的双方之间往往是直呼其名,可突然变为以姓氏或职衔相称,就是气氛趋于紧张的信号,有时,甚至意味着僵局的开始。

04 | 巧设陷阱，笑着胜利

复杂问句法，是指向对方提出一个虚假的问题，设置两种答案让其挑选，不论对方如何作答都会掉进自己的圈套，然后尽可指其谬误，使对方无言以辩。

美国前总统华盛顿年轻时，家里的一匹马给邻人偷走了。华盛顿便与一位警官到邻人的农场里去索讨，但那人口口声声说那是自己的马而拒绝归还。华盛顿用双手蒙住马的双眼，对邻人说："如果这马是你的，那么，请你告诉我们，马的哪只眼睛是瞎的？"

"右眼。"

华盛顿放开蒙住右眼的手，马的右眼相当正常。

"我说错了，马的左眼才是瞎的。"邻人急忙争辩说。

华盛顿放开蒙住左眼的手，马的左眼也不瞎。

第十一章 把握谈判策略，瞬间掌握话语权

"我又说错了……"邻人还想争辩。

"是的，你错了，"警官说，"这证明马不是你的，你必须把马立即还给华盛顿先生！"

华盛顿在这里就是用了复杂问句、暗设陷阱的方法。从心理上说，邻人虽不知道马的眼睛瞎不瞎，或哪一只眼睛瞎，却必须强装知道而不能回答不知道。而他要回答，又必然会临时捕捉一些可供参考的因素来增加侥幸言中的可能。所以，华盛顿的发问故意用了个复杂问句"马的哪只眼睛是瞎的？"这句问话包含着一个假设，即马肯定有一只眼睛是瞎的，无论对方回答是哪一只眼睛，都得先承认这个假设。偷马贼不知是计，还以为华盛顿无意中向他透露了"马有一只眼瞎了"的真相，所以他怀着50%的希望瞎猜，果不其然地落入华盛顿设下的陷阱，不打自招。

05 | 先放再收，欲擒故纵

传说苏北盐城有个穷船夫阿三，一天，他撑船到登瀛桥西，谁知天气骤变，一时狂风大作，舵扳不住帆落不下，船一头撞断了大财主陈万金家傍水赏月楼的楼台柱子。陈万金是盐城一霸，横行无忌，一手遮天。如今，他家的柱子被撞断，这下可不得了了，他命人把阿三毒打了一顿还不甘心，又押送他至县衙门治罪。阿三的妻子急得赶忙去请求好打抱不平的沈拱山帮忙。沈拱山略一思索，就说："好吧，这事我来办。明天你让阿三在大堂上叫我舅舅就行了，我自有办法。"

第二天，受了贿赂的县官把惊堂木拍得直响，高声喝道："阿三，你好大胆，行船撞断陈员外家的楼柱子，你知罪吗？本堂判决打你四十大板，木船充公，把你老婆断给陈员外家当奴婢，以赔偿损失。"

第十一章 把握谈判策略，瞬间掌握话语权

沈拱山在大堂口听到这些话，立即奔上堂去，阿三一见沈拱山来了，连忙高叫："舅舅，舅舅，快救我！"沈拱山忙问："你犯了什么罪？"阿三就把木船撞断傍水赏月楼柱子的事告诉了他。沈拱山卷起衣袖，怒气冲冲地连打了阿三三个耳光，一边骂道："小畜生，从小就不学好，叫你骑马你下河，叫你行船你上岸。"

"我没有把船撑上岸啊！"

"你还狡辩，没上岸怎么撞倒人家的楼柱子啊？"

"他家的楼是傍水造在河里的啊！"

沈拱山听到这儿，变了脸色，转身对县老爷说："大人，这就是陈员外的不对了。河吗，是行船的，怎么能砌楼呢？"

县官被问得说不出话来，只得说："那就放了这小子吧！把船还给他。"

刚才还站在一旁得意扬扬的陈万金这下可急了，忙说："大人，大人，你怎么不秉公办案啊？"

沈拱山厉声喝道："你在漕河上私造民房，阻塞河道，该当何罪？"

陈万金怕把事闹大了无法收拾，只得赔了阿三的挡浪板，灰头土脸地走出县衙门。

另外有一个小故事：

战国时，靖郭君准备在自己的封邑薛地筑城，他的门客都劝他不要这样做，靖郭君不听，还吩咐传达的官员，不要

再替反对者通报。

门客中有个齐国人,求见靖郭君,说:"我只要求让我讲三个字就行了,如果我多说一字,就把我处以烹刑。"

靖郭君便接见了他,齐人快步向前,说了一声:"海大鱼!"转身就走。

靖郭君说:"等一等,你的话还没有说完!"

齐人说:"我可不敢拿自己的性命开玩笑。"

靖郭君道:"没关系,你再说下去。"

齐人说道:"您不曾听说过海大鱼吧,那种鱼用网兜不住,用钩也钓不上,但如果不小心到了没水的地方,连小小的蚂蚁也可以任意欺侮它。现在,齐国就是你的水啊,你只要一直有齐国的庇护,又何必在薛地筑城?如果失去了齐国,你就是把薛城筑得有如天一般高,也没有用。"

靖郭君听了觉得有理,便打消了在薛地筑城的念头。

欲擒故纵原是我国古代的一种用兵方法,是三十六计中的一计。谈判中言谈之间若发生僵持不下时,不妨先放后收,反而常能出奇制胜:一"纵"一"擒"就犹如奇兵,使对方放松戒备上当,最终无可奈何地服输。

第十二章
能说会道，
恋爱甜蜜家幸福

恋爱是人生最美的事情，家庭则是人生的避风港。会聊天的人，在恋爱和婚姻中都能让人如沐春风，即使有争执，也能轻松化解于无痕。

01 | 拉开与心仪对象交谈的话幕

当你走在林荫大道上，或在舞会中，或在聚会中，突然一位女孩吸引了你，她亭亭玉立，风姿绰约，含情脉脉，不落俗套。这正是你梦寐以求的"白雪公主"。你想和她打个招呼或者有进一步的交谈，这时应该怎样迈好与姑娘交往的第一步呢？

现实中，有许多男孩不敢尝试，担心遭到女孩子的拒绝。的确，我们有时碰到一个人很想跟她谈天，但又不敢开口。可是许多人就有这种和陌生人攀谈的本领，这种本领实在是一种艺术。

譬如说在学生会里，在联欢会上，在艺术展览会里，在学校的读书会里，都可以大胆地向一个陌生的女孩子互通姓名而不必有太多的顾虑。下面为你提供几个要点：

1. 坦率地说出想说的话

包括在喜欢的人面前,假如还没有找到想说的话,那依然是一个自尊心的问题。如果说话就是说些对方关心或爱听的有趣的话题,那么当提不出什么话题时,自己就会精神紧张。与其这样,倒不如用自己的语言,坦率地按自己想的去说,这样也许更具有魅力。

2. 述说对方的优点

如果怎么也找不出话题时,那就找一个好方法。毕竟是自己喜欢的人,所以对方的魅力或优点,会立刻浮现在自己的脑海中,这时,用不加修饰的语言,传递过去试试看,也许对方会高兴。

对于漂亮的人,就说真漂亮;对于有才华的人,就说有才华。这是很正常的。当然,如果是出了名的优秀人物的话,那就用不着赞扬了。

3. 措辞客气些

如果说话时装模作样,故意用粗暴的语言,或是用自来熟式的语言,都是不合适的。特别是男性,更要谨慎地使用谦逊的语言,女性也不要常说"撒谎""讨厌"的话。虽然没有必要故作文雅,但与异性朋友说话时,最好还是恭敬点好。

4．创造机会与姑娘交谈

日常生活中总有很多非常适宜做某些事情的机会。抓住这些机会，做起来就容易多了，也可以取得良好的效果；错过了机会，就要等待第二次机会的来临。

举一个简单的例子。在火车上，总有些机会，使你特别容易开始跟别人谈话。比如，火车在两站之间，忽然停住了。究竟发生了什么事呢？当你想把头探出窗外看个究竟的时候，向坐在你身边的女孩子说一声"对不起"，这时，一句简单的"对不起"就可以很自然地打破彼此之间的隔阂。在这之后，如果你告诉她什么也没有看到或者是你看到什么，她多半会乐于接受，话匣子就会因此而打开。

其实，只要你留心，随时可以发现这样的机会。下面就介绍一些在不同的场合中制造机会的例子，相信会帮你拉开与你中意的陌生姑娘交谈的序幕。

（1）在美术馆里

首先自己要先稳下心来，走到自己所钟情的女孩子身边，可先与那女孩子同步浏览那些美术作品，消除紧张感，同时注意那个女孩子。

几分钟后，你可自言自语地开腔了："对于艺术，我并不在行，往往只停留在浏览上……"

"我也不太懂。"女孩稍稍低下头说。

"的确，这些作品寓意太深奥了……"

"也许我们的鉴赏能力……"

（一句"我们"把你与她之间的距离拉近了，这是成功的一半。）

话说到此，也许两人会沉默，但脚步一致了。如果走到一幅山水画前，你可以指着图上的花说："这色菊的笔力深厚，用笔流畅……"

然后一转话题："我对花卉很感兴趣。"

"那么，你对花卉一定很有研究了！我也很喜欢花。"

"过奖了！不过，我们可以到公园看看，听说那里正在办花展。"

（2）在候车室里

如果一位美丽的姑娘坐在离你不远的长凳上，手中拿着一本书，那么，你话题便有了：

"小姐，你是从哪里买到这本书的？"

当她抬头看你时，你马上可说："我是某大学某系的，我对这本书挺感兴趣的，我也想买这本书。"如果彼此都是大学生，那么共同的话题便不胜枚举。

（3）在公园里

你正在公园中漫步，突然发现你所钟爱的姑娘和她的朋友从远处向你走来，你手里拿着一个信封，要装作一副很焦急的样子，四下张望。她们走过来了。

"嗨！请问这地址怎么走，那一带我很不熟。"

"哦，我看看！"

"我有很要紧的事，请你帮帮忙！"

"往五一路走，到第二个红绿灯……"

"哦，谢谢你们。你们真热心！"

在这样的一段谈话中，你足以乘机表现自己，下次找机会再次碰面时，主动去向她打招呼，并表示谢意，相信你们很快就会熟悉的。

（4）在公共汽车上

在拥挤的公共汽车上，汽车一个刹车或一个转弯，在这种情形下你有意无意地踩到了她的脚。

她："哎！"

你（很惭愧的样子）："啊！实在抱歉，请原谅，我不是故意的，刚才溜冰的时候脚扭了，站得不太稳。"

她："你会溜冰？"

你："你也喜欢溜冰吗？我对溜冰很感兴趣，可刚学，还不太懂要领，正想找人请教。请你……"她如果答应你，你已踏上成功之路。其实，大部分单身女孩都渴望自己被人追求、被人爱，这是女人的天性。许多女孩是不太爱参加体育运动和其他活动的，她们忙碌了一整天回到自己的寝室，会感到非常寂寞。所以她们特别需要有真挚感情的人作为伴侣。从生理的角度来讲，女孩是属于"被动型"的，而男性则是属于"主动型"的，如果你没有勇气，怕与女孩交往，那你就无法得到一个女孩子的爱。记住,大多数的女孩都喜欢有"绅士风度"的男孩。

当我们遇到自己心仪已久的人时,常常会觉得紧张,不知道如何向对方开口。害怕自己因为说话不当而引起对方的嘲笑,所以就一直沉默寡言,不知不觉使双方都陷入难为情的窘境。

其实,这个时候沉默并不是一个好的解决办法。此时的你如何表现为佳呢?与恋人初次交谈的奥秘就在于甜言蜜语。它能使你在情窦初开之时,把你丰富的思想、微妙的心声用美好的语言表达出来,去"接通"对方的脉搏,爆出爱情的火花,使爱情的烈火从此熊熊燃烧起来。

02 | 恋爱中避免说的话

恋爱中的人,最容易被爱冲昏头脑,从而说出一些不恰当的话,虽然对方很爱你,但人心都是肉长的,伤人的话最好不说。处于恋爱中的男女,在说话中需格外小心,以免使对方受伤。哪些话是应该避免的呢?

1. 过分的玩笑话

恋爱中,有些人总爱时不时地开个玩笑来考验一下对方,看看对方"到底爱我有多深""对我有多真"。如果考验一两回倒也无碍,但次数多了,甚至以假装分手来考验对方,这玩笑就有点过分了。这样不仅会影响对方情绪,还有可能造成恶果。

4月1日是愚人节,锋约他的女友丹去看电影。丹为了考验男友对自己爱的程度,便向锋撒谎说想和他分手,让他死了这条心。愚人节这天所说的话半真半假，所以锋在雨中等了丹两个小时，但一直未看到丹的身影。锋彻底失望了，打电话对丹说同意分手。丹泪流满面地告诉锋只不过想跟他开个玩笑，根本没有跟他分手的意思。可锋觉得与丹在一起太累了，不想再继续相处，丹追悔莫及。

恋爱中的人，最好不要随随便便说"分手"，就如同夫妻之间闹了别扭不能随便说"离婚"一样。即使是开玩笑，也不能开这种玩笑，这会给对方的感情带来极大的伤害。

2. 对方的敏感话题

恋爱中的青年男女都或多或少地存在着自己的"敏感地带"。对这些"敏感地带"，即使是以开玩笑的方式也不能去触及，因为现实表明，在这些问题上"恋中无戏言"，尤其是曾经恋爱过的对方。

星期天，帆到女友慧的家中去玩。慧正在床上听录音机，很入迷的样子，那个录音机是慧以前的男友给她买的圣诞礼物，虽然两人已经分手了，但慧仍把他当作较好的朋友，因此，慧对此很敏感。帆明知道这些，但他仍然以开玩笑的口吻说："听什么呢，这么入迷，是不是又在想那个梦中的他了？"慧一听，芳容顿变，生气地说："我现在就想他呢，关你什么事？不信我现在就给他打电话。"帆忙上前解释，好说歹说总算把慧给说高兴了，但慧心中的阴影却难以一下子抹去。

一般来说，这些敏感话题都带有一些隐私的性质，虽然是恋人关系，但并不等于对方就是自己生活的全部，相反双方都有各自的心理空间。

3. 有伤自尊的话

恋爱中，随着双方关系的逐步加深，彼此之间言语也会变得随便起来。但不论多么随便都要把握好一个"度"，即言谈不得伤害对方的自尊。否则，即使对方明知你是在开玩笑，心里也会感到不舒服。

一天早晨，宁领着女友晶到朋友辉家里做客。辉问："你们是不是准备结婚了？"晶说："只要我们有了房子，就可以结婚。"辉又问："当时你单位盖家属楼，你为什么不要一套？"晶说："买楼的人太多，没要上。"这时坐在一边的宁接过来说："她不是没要上，而是不愿意要。当时她父母想把她卖个好价钱，找个有房子的老公，可结果没找到。"晶也知道宁是在开玩笑，但总觉得他当着别人的面说自己，是对自己尊严的一种伤害，当时就摔门而去，与宁分了手。

对一个人来说，尊严是十分重要的，"士可杀，不可辱"，说的就是这个意思。恋爱的男女双方更应尊重对方的尊严，尤其是在有外人的情况下，更是要尽力维护对方的尊严。爱是一种博大的感情，其中就包含对对方的尊重。

4. 反复追问的话

恋爱中，出于某种疑惑或担心，可以向对方询问一些问题。但一旦对方给了明确的回答，就不要再反复追问，否则会使对方产生反感。

进与婷恋爱了。一次，进看到婷与一男士在酒店吃饭，担心婷会变了心。约会时，进问婷："上次与你一起在酒店吃饭的那个人是谁？"婷说："别多心了，他是我单位的一个同事，我和他只是同事关系。"之后，进就这一问题又两次拐弯抹角地问婷，第一次问，婷还是耐心地作了说明。待进再次追问时，婷生气地说："不是跟你再三说明白了吗？你怎么还三番两次地审问？你要是不相信，咱们就别谈了。"说完起身就走。

爱，需要的是双方的理解与信任，失去了理解与信任，爱就会变得苍白无力，就成了单纯的占有。爱一个人，就要相信她（他）。

5. 操之过急的话

恋爱时交谈的内容应随着双方关系的发展循序渐进，而不能操之过急。如果在恋爱初期就将热恋阶段才能说的话"兜"出来，就会使自己处于尴尬境地。

恋爱不久，宇对女友说："你喜欢男孩还是女孩？"女友红着脸说："女孩。"宇接着说："那咱们婚后就要个女孩吧。"女友听了这话沉默不语。过了一会儿她对宇说："我觉得咱俩刚认识不久，相互间还不太了解，咱们当然要抱着好的想法来处朋友，但以后的事谁也说不准，结婚要孩子的话我们现在还是不说的好！"女友的一席话说得宇很不好意思。

有些小伙子，谈恋爱时特别心急，老是说一些超越现阶段实际情况的话。岂不知欲速则不达，爱情之花需要细心照料、耐心呵护，切不可操之过急，只要你有耐心，自会有水到渠成的那一天。

6. 品评对方父母的话

青年男女在恋爱了一段时间后，往往会把对方带到自己家里让父母看看。这样也就常常出现一方对另一方父母随意发表看法的情形，这是很不好的。一般来说，父母在孩子心中的位置是无人可以取代的，作为孩子，谁都不喜欢听到别人当面品评自己的父母，即便是爱人也不例外。

星期天，敏带男友亮到自己家中吃饭。敏的父亲耳朵有病，说话声音较大。回去的路上亮对敏说："你爸说话怎么这么大声，像是审犯人似的。"敏一听就生气地说："你又不是和我爸谈恋爱，我爸的脾气关你什么事！"亮一下弄了个大红脸，一时不知说什么好。

03 | 第一次拜见对方的父母

一般来说,良好的第一印象主要来源于表达。在热恋中,掌握拜访双方父母的说话技巧,可以给双方父母留下好的印象,为你爱情的成功奠定基石。

许多人,尤其是现在的年轻人,都觉得恋爱、结婚是两个人的事,与其他人没有什么关系,实则不然。别人的意见你可以置之不理,但父母这一关,你是永远也无法回避的。

孩子无论长多大,甚至已经为人父母,但在他的父母眼里,永远都是孩子。恋爱、结婚是人生中的一件大事,这意味着孩子将组建起自己的家庭,独立生活了,做父母的自然对这些十分关注。他们心中对未来的女婿或儿媳都有自己的标准,但总结起来,无非就是一点,你要让对方的父母感到把他们的女儿或儿子交给你是放心的。倘若过不好对方父母这一关,不能让对方父母感到放心的话,那日后的麻烦就多了。生活中婆媳不和,丈夫在母亲与妻子间受"夹板气"的事屡见不鲜。

所以一定要将这件事充分重视起来,掌握见对方父母时的语言技巧,博得对方父母的喜爱,为将来的婚姻创造和谐的家庭氛围。

由于男方父母与女方父母的心态存在较大的差异,因此准儿媳和准女婿在拜见未来的公婆和岳父母时的语言技巧有所不同,这里分别作介绍,以供大家借鉴。

1. 拜见男方父母时的语言技巧

在中国人的意识里,婆媳关系是件很让人挠头的事情,生活中我们听到的婆媳关系紧张的事情远比婆媳和睦、关系融洽的多得多。那么,准儿媳如何在初次拜见准公婆时留下好印象呢?

(1)注意自己的形象

你一定要以落落大方的形象出现在准公婆的面前,千万不要浓妆艳抹。一般来说,老年人的思想都较为保守,过于时髦的打扮他们接受起来很困难,因此穿着一定要大方、得体。

(2)要懂礼貌

一般而言,首次拜见对方的父母都是事先约好的,也是较为正式的。所以准公婆心里预先一定是有所准备的,他们会把自己心中的标准在未来的儿媳身上逐一比较,来给双方打分。是否懂礼貌，是打分的第一个标准。双方见面以后，自然是由男方将你介绍给他的父母，这时一定要选择合适的称谓。如果男方父母的年龄比自己父母的年龄大，称为伯父、伯母，反之称为叔叔、婶婶（这一点在会面前就应该有所准备）。女方到男方家做客，自然是客人，作为主人的男方父母招待你是很正常的事情，此时要多使用礼貌用语。比如，准婆婆给你倒水，要说："谢谢伯母。"在谈话的过程中要使用尊称"您"，这样会让她感到你尊敬老人，懂礼貌。

（3）谈话语调要柔和

在现实生活中，没有哪个老人希望自己的儿子找一个"厉害"的媳妇的。一则怕儿子在婚后的生活中受欺负，成了"妻管严"；二是怕媳妇太厉害以后难以相处。因此，准儿媳在第一次见准公婆时一定要表现得谦逊有礼，过高的音调和过分的语言都会让准公婆感到不舒服，千万不能给准公婆留下这样的印象。

（4）巧妙夸赞准公婆

人都是喜欢听别人夸奖的，如何夸奖未来的公婆呢？这需要男方的配合，男方一定要将自己父母一生中引以为骄傲的事情告诉女方，也好让女方有的放矢，让准公婆开心。

秀秀到男友小刚家做客，彬彬有礼的秀秀让小刚的父母十分满意。中午，小刚的母亲张罗了一桌好菜，留秀秀吃饭，秀秀推辞不过，就留下来。席间，秀秀对小刚的母亲说："伯母,您的手艺可真不错,伯父真是好福气。伯母,我要拜您为师,好好学两手。"小刚的母亲乐得合不拢嘴,连声说:"行,行……"秀秀这一句话,既夸赞了小刚的母亲厨艺精湛,又夸小刚父亲有福气,同时又表现出自己的谦虚。小刚的父母听了夸赞心中自然高兴,而且秀秀主动提出要学做饭,这更令小刚的父母高兴,因为儿子的胃以后有了保障,这样的儿媳谁不喜欢呢?

2. 拜会女方父母时的语言技巧

在男方初次拜见未来的岳父母时,女方总是会找些机会,让男方与自己的父母单独相处,这时男方一定要抓住这个机会,向准岳父母表一下决心。但要注意,话不能说得过大过空,要尽量实在些,虽然不能让女方父母对你完全放心,但至少给了他们一份承诺,会让他们感到你还是很有责任感的。

华带着男友江来家里见自己的父母,大家谈得很开心。快到中午了,华说:"你们先聊着,我去做饭了。"说完就到厨房去了。江知道这是华给自己一个向她父母表态的机会,于是说道:"伯父,伯母,我和华相处这么长时间了,华可能已经向二老讲了我的情况,请二老放心,我会照顾好华的。大富大贵不敢说,但我想我一定会让她幸福的。"几句朴实的话语,打动了华的父母,江也成功地通过了华的父母对他的"考察"。

04 | 夫妻的交流之道

生活中有这样一类男人：他们在社交场合很活跃，妙语连珠，海阔天空。在他们看来，谈话是自我表现的一种方式。这时候，妻子则可能因为丈夫从未如此兴致勃勃地对待自己，而感到自尊心大受伤害。

张梅与丈夫赵峰应该说是幸福的一对。即便这样，他们也有各自的烦恼。张梅对别人抱怨说，当她对丈夫谈起自己的思想感情时，丈夫总是一言不发地听着；当她想听听丈夫的看法时，他就是三个字"没什么"。

向亲人和朋友吐露自己的心声，对张梅和许多女人来说，是生活中必不可少的内容。但对赵峰和许多男人来说，谈话的目的是获得信息，感情应该深埋在心底。

首先，夫妻之间说话时，相互尊重不可忽视。

在庆祝十月革命15周年的晚宴上,情绪极好的斯大林当着大家的面,对妻子娜佳喊道:"喂,你也来喝一杯。"如果是在家里这样说,这是一句充满人情味的话。可是当着苏联党政高级官员和外国代表的面,这样就显得不够庄重得体,甚至可以说太随便了。偏偏娜佳是一位个性极强且年轻气盛的女人,从来就不认为自己是附属物,听了此话,感到受了羞辱,一时又未想到化解的方法和语言,于是就大喊一声:"我不是你的什么'喂'!"接着便站起来,在所有宾客的惊愕中走出了宴会厅。

第二天早晨,人们发现,时年32岁的娜佳躺在了血泊中,手里握着"松"牌手枪。

一句话,断送了一条正值青春年华的生命,实在让人惋惜。从斯大林方面说,他的过错在于在自尊这个人际关系的巨大暗礁前不知退让和绕行,没有尊重妻子。祸根是他潜意识中的大男子主义。从娜佳方面看,作为第一夫人,且不论个性,单就化解突发交际矛盾和处理意外事件的能力以及语言表达能力方面都存在着较大的欠缺。其实,这个尴尬场面用一句玩笑话就可以处理了。但她选择的方式令人遗憾。

"去买瓶酱油来!"或"把房间打扫一下!"夫妻在日常生活中,一方对另一方用命令的口吻分配工作或下达任务,是常有的事情。这种命令式的语言毫无商量之意,只有理所当然之感。但过多地这样做,容易引起不良后果,尤其在对

第十二章
能说会道，恋爱甜蜜家幸福

方情绪不佳时，会感觉特别不顺耳，甚至会成为发生口角的导火线。如果多商量、少命令，就可以避免这种情况发生。"能抽出时间去买瓶酱油吗？""一会儿打扫一下房间好吗？"这样就顺耳多了。即使对方手中正忙着什么，也会愉快地应允。这样，就有利于维护夫妻关系。

但是，这种商量的语气也不是对每个丈夫都适用。

南楠喜欢用这样的语气对自己的丈夫说话："我们把车停到那儿吧。""我们午饭前打扫卫生吧。"

这语气让她的丈夫胡晓很是恼火。胡晓把南楠的"我们这样吧""我们那样吧"当成了命令。同很多男人一样，胡晓讨厌受制于人，但是，对南楠来说，她并没有指使，只是建议。同许多女人一样，南楠竭力避免正面冲突——她把要求化作建议而不是命令。可是，对有些男人来说，这种委婉的方式反而更糟。一旦他们意识到别人用含蓄隐蔽的方式指使他们，就会感到受人操纵而恼怒，他们宁可接受直截了当的要求。

作为丈夫，要对妻子多加赞美。在众多的赞美话中，女性最爱听的，必定是出自丈夫口中的赞美了。"你今天烧的菜真好吃""谢谢你把我们的家整理得如此井然有序""你穿围裙的样子真是可爱极了"，没有比这些赞美话更令妻子心动的了。相信听到这些赞美话后，妻子会更认真地操持这个家。

夫妻双方应该多说"我爱你""我喜欢你"，千万不要有"即使自己不说，对方也能感应到"的愚蠢想法，也千万不要认为时常将"我爱你"一类的话挂在嘴边,是件肉麻的事,有损自己颜面,这是错误的观念。多多表达自己的情感,能使彼此的关系更加融洽。如果你足够聪明,就应该表现出自己的爱,并且让对方知道。

05 | 生活需要甜言蜜语

如果说爱情是夫妻感情的基石，那么充满爱意的情爱语言则是夫妻之间不可缺少的润滑剂。充满爱意的情爱语言是真爱之心与得体语言的最佳结合。夫妻之间的情爱语言虽不如恋人之间的语言那样浓烈，但却如陈年老酒，甘甜醇美，令人回味悠长。

一般来说，夫妻间的情爱语言有这样的几种形式：

1. 直抒爱意

当爱情之舟驶入婚姻的港湾之后，轰轰烈烈的爱情归于平淡温馨的家庭生活。夫妻之间虽说不再把"我爱你"之类的词语总挂在嘴边，但也没有必要把这些话束之高阁。在某些时刻，一句深情的"我爱你"会勾起对方的美好回忆，在彼此的心中激起爱的涟漪。这对于加深夫妻感情是大有益处的。

有一对中年夫妻,彼此的工作都很忙,平时交谈的机会不多。可是每逢晚上下班回家或休息日的时候,总要说一些情爱话题。共同看电视剧,看到剧情中男女的恋爱情节时,经常一同回忆他们相恋的时光,说些过去甜蜜的经历。每逢对方的生日和共同的纪念日还举行一些小活动,共度欢乐时光,以此加深夫妻间的感情。

夫妻间直抒爱意并不是多余的,它可以给平淡的生活激起一串串五彩的浪花。但现实生活中却有许多人忽略了这一点,结果感到婚后的日子平淡无奇,少了激情,更有甚者陷入情感危机。其实有时候,一句直抒爱意的"我爱你",分别时候的一句"我想你",对你来说可能只是举"口"之劳,可对对方来说却是倍感温馨。所以千万不要吝惜你的甜言蜜语,它会使你的婚姻生活更甜蜜。

2. 充满爱意的幽默

有些人十分幽默,喜欢在家里说些笑话,逗大家开心,创造欢乐的家庭氛围。有的夫妻一走进家门,就把自己的见闻趣事说给爱人听,特别是女性总是把自己以为最有趣的内容拿回来给丈夫听,引出一阵笑声,其中就体现了深深的爱意。

在忙碌的生活中,运用幽默语言调节心情,缓解生活的重负,分担对方的痛苦,更是爱意的语言表现。

有一对夫妻因为一点小事闹别扭了，妻子赌气不吃饭，也不理睬丈夫。丈夫一见，赶紧哄妻子："生气老得快，愁一愁白了头，你想弄个老妻少夫呀？"妻子被逗得"扑哧"一声笑了。

丈夫又说："这就对了，笑一笑十年少，笑十笑老来俏！"妻子的怨气顿时烟消云散，娇嗔地说："哼，贫嘴，再说小心我休了你。"可她心里却是甜滋滋的。

3. 体贴关爱的话语

充满爱意的语言并不一定都挂上"爱"字，关切、关怀、支持、祝福之类的语言同样可以包含深深的爱意，都是对方乐意听到的。

比如现在大家平时工作很忙，对家庭的投入相对少了许多。可是一定要记得在爱人生日时送上一份小礼物或一束鲜花，外加一张小卡片，借机说一些真诚而动听的语言以表达对爱人支持自己工作的感激之情和祝福之意，爱人听了一定十分感动，幸福之泉便会在心中流淌。

体贴祝福的话会使爱人感到对方更可爱，家庭生活更温馨。

06 | 争执有度，和好有方

俗话说："谁家的烟囱都冒烟。"即使是最恩爱的夫妻，相互间也难免发生争吵。偶尔发生口角，吵过之后也就完了，但是，如果争吵起来不加控制就可能激化矛盾，引出意想不到的坏结果。所以，夫妻争吵有必要控制好"度"，即使在最冲动的情况下也不要超越这个界限。

1. 争吵的界限

（1）不揭短

一般说来，夫妻双方十分清楚对方的毛病和短处。比如，对方存在生理缺陷，个子小，不生育，口吃等。在平时，彼此顾及对方的面子而不轻易指出。可是一旦发生争吵，当自己理屈词穷、处于不利态势时，就可能把矛头对准对方的短处，挖苦揭短，以期制服对方。

有道是"打人莫打脸，骂人不揭短"，人们最讨厌别人恶意揭短，这样做只会激怒对方，扩大矛盾，伤及夫妻感情。

（2）不翻旧账

有的夫妻争吵时，喜欢把过去的事情扯出来，翻旧账，拿陈芝麻烂谷子做证据，历数对方的"不是"和"罪过"，指责对方，或证明自己正确。这种方式也是很愚蠢的。夫妻之间的旧账很难说得清。如果大家都翻对自己有利的那一页，眼睛向后看，不但无助于解决眼下的矛盾，而且还容易把问题复杂化，新账旧账纠缠在一起，加深怨恨。夫妻争吵最好"打破盆说盆，打破罐说罐"，就事论事，不前挂后连。这样处理问题，才容易化解眼前的矛盾。

（3）不骂人

夫妻争吵时，双方可能高声大嗓，说一些过激过重的话，但是绝不能骂人，带脏字。有些人平时说话带脏字和不雅的口头禅，争吵时也可能顺口说出来。然而，这时对方不再把它当成口头禅，而视为骂人，因此同样会发生"爆炸"。

（4）不贬低对方

夫妻争吵时难免各执一词，都感到真理在自己这边，对方是胡搅蛮缠，往往使用评价性语言贬低对方。比如："和你说话简直是对牛弹琴！""你这个人四六不懂，简直不可理喻！""你是一个泼妇！""你是一个无赖！"这些贬低对方的话,同样容易刺伤对方的自尊,对方为了维护自己的尊严,是会争吵到底的。

(5)不涉及亲属

有的夫妻争吵时,不但彼此指责,而且可能把对方的老人、亲属也裹进来。比如说:"你和你爸一样不讲理!""你和你妈一样混账!"如此把争吵的矛头指向长辈是错误的,也是对方最不能容忍的。

总之,夫妻争吵只要把握好了度,就不会伤及感情,一旦"雨过天晴",两人又会和好如初。

2. 在适当的时候和解

当夫妻因事发生矛盾出现冷战局面时,到一定程度就要有一方首先打破沉默,这时另一方就会响应,夫妻握手言和,重归于好。

打破沉默、消除冷战的方式有以下几种:

(1)直言和解

如果双方的矛盾并不大,只是偶然出现摩擦,就可以直截了当和对方打招呼,打破沉默。比如说:"好了,过去的事就叫它过去吧,不要再赌气了。"对方会有所回应,言归于好。也可以装作把所有的不愉快都忘掉了,像什么事也没有发生似的,主动与对方说话,对方如顺水推舟,也可打破沉默。如上班前,丈夫故意对还在生气的妻子问:"我的公文包呢?"见丈夫没有记仇,妻子也不好意思不理睬,应声道:"不是在衣柜上吗?"这样就打破了僵局。

(2)认错求和

如果一方意识到发生矛盾的主要责任在自己,就应主动向对方认错,请求谅解。如:"好了,这事是我不好,以后一定要注意。这件事是我考虑不周,责任在我,我赔不是,你就不要生气了,气出病来,可不划算!"对方听了,一腔怒火也许烟消云散。

退一步说,即使错误不在自己一方,也可以主动承担责任。

(3)幽默和解

开个玩笑是打破僵局的最佳方式。如:"我说,你看世界上的冷战都结束了,我们家的冷战是不是也可以松动一下?""瞧你的脸拉那么长干什么!天有阴晴,月有圆缺,半月过去了,月儿也该圆了吧!女人不是月亮吗?"对方听了多半会"多云转晴"。

总之,只要一方能针对矛盾的具体情况,采取相应的沟通方式,巧用言语,就可以尽快打破僵局,家庭生活也会恢复往日的欢乐与和谐。

07 | 婆媳之间应如何说话

在家庭生活中,婆媳关系是一对特殊关系。要处理好这对关系,儿媳有十分重要的责任。那么怎样才能做个讨人喜欢的儿媳呢?你首先要在说话上下功夫。

首先要确定婆婆不是敌人,而是朋友。但是这个"友"也是有分别的,不是无话不说的亲密好友,而要把婆婆当成那种保持一定距离、又有相关利益需经常联络的"朋友",见面热情寒暄,可是不说心里话。婆婆是老公的妈,和媳妇没"过命"的交情,又不能不相处、不尊重,那么保持一定距离的"朋友"关系就比较妥当了。说太多心里话,日后有不愉快的时候,难免会被当成小辫子。

其次要在婆婆面前保持自己的个性。有什么习惯最好别藏着掖着,而是光明正大地表现出来,婆婆就算是看不过眼也只好解释为"她就那个脾气",不会太较真了。否则,狐狸尾巴不小心露出来,婆婆背地里的话可就不好听了。比如,你有个坏习惯,喜欢把衣服、袜子等全塞到洗衣机里,一周洗一次,婆婆就很看不惯你这种不讲卫生的习惯,可是你大大方方一点都不以为羞,婆婆就拿你没脾气,只能解释为"现在的年轻人都这样"。

最后,要经常提醒自己:"婆婆是老公的亲妈,看在老公的面子上,我也不能和她计较太多。"这话要在婆婆有什么令自己不满意的时候在心里默念三遍,以避免自己当场发作和婆婆"理论",使矛盾爆发而不可收拾。这话念多了,城府深到婆婆当面指责你,你都能面不改色全当她的话是在夸你了。其实就是一句:别和婆婆有正面冲突。

08 | 做个讨人喜欢的女婿

好女婿也需好在嘴上,对岳父岳母的"诚心""孝心",也需"绣口"来锦上添花。

以下有4种能说会道、讨岳父岳母欢喜的有效之术,敬请借鉴:

1. 脉搏一定要摸得准

李明结婚后久居岳母家里。为了讨得岳母的欢心,他总是主动干家务活儿,但岳母的脸还是欢笑不起来。后来,他发现每当他说外边发生的新鲜事时,岳母就非常高兴,总是睁大眼睛刨根问底。于是他便开始留心各种各样的"新闻",每天回到家里,就找机会向岳母进行"新闻"汇报。从此岳母见他回来总是笑脸相迎。有时没等他开口,岳母就急着问:

"今天又有什么新鲜事？快讲给我听听。"听完之后，她还要向来串门的人进行"新闻重播"，并自豪地说："我们家的女婿知道的事情真多，我是天天不出门，便知天下事哟！"

2. 冷暖一定要心知肚明

小刘结婚后，因没有时间照顾家，常挨岳母的数落。不久，岳母患了半身不遂不能下床，经常感叹自己活着没用。小刘利用回家的机会，除了给岳母端水喂药外，还耐心地劝她安心养病："妈，您可别胡思乱想。俗话说，天有不测风云，人有旦夕祸福。人吃五谷杂粮，哪有不生病的呢？病来了，就看您能不能扛住它。您是个要强的人，哪能让这点小病吓住呢？再说，现在医学这么发达，您这病肯定能治好的。"他的话像一剂良药，使岳母的精神好多了。没几个月，她就能下床走动了。她逢人就说："多亏我的好女婿总给我吃顺心丸，我的病才好得这么快。"

3. 安心的话一定要说

一天，谢强和妻子因为一点小事闹别扭，谢强说不过妻子，就说："得，我说不过你，你和你妈一样，都是常有理。"谁知这句话让在厨房做饭的岳母听见了，老太太火冒三丈，指着谢强大声斥问："你们两口子为什么吵嘴我不管，可说我们娘俩都是'常有理'，我得跟你纷争纷争，我怎么'常有理'了？你今天非得给我讲清楚不可。"谢强一听，觉得事情不妙，于是满脸堆笑地说："妈，您可别误会，'常有理'这可不是坏话，我这是赞扬您女儿呢。因为每次争吵都是我没理，您的女儿我的妻，无论做什么事都特别有道理，而这又都是跟您老人家学来的，没办法，我只好佩服地说她跟您一样的'常有理'喽。"说着又神秘地对老人说："实话告诉您吧，这还是跟我爸学的呢。因为我跟我爸一样，在媳妇面前总是'常没理'。"谢强的话把老太太的怒气冲散了，她指着女婿说："你小子这张嘴呀，能把死人说活喽。"一场风波化为乌有。

4. 关键的话不要吝啬

凌老太太膝下无子，只有一个女儿。丈夫去世以后她由于身体不好，搬到女儿家住。开始还好，可后来女儿下岗了，一时半会又找不到工作，一家老少四口都靠女婿一个人的工资生活。孩子上学需要钱，老人看病需要钱。女儿因心情不好，常在家发脾气，凌老太太听了委屈地说："我要是有个儿子也不至于拖累你们啊。"女儿着急地说："妈，您就别说那些没用的话了。"

会说话的女婿则亲热地对岳母说："妈，您这样想就错了，过去有句老话是'一个女婿半个儿'，如今时代变了，男女都一样，就该是'一个女婿一个儿'了。您想，往后都是独生子女，女婿和儿子不就都一样了吗。您老往后不要把我当外人，从我们结婚那天起，我就认定您是我的亲妈了，您是不是嫌弃我这个儿子呀？"几句话说得凌老太太老泪纵横。她从箱子里拿出卖房的钱，交到女婿手里说："做了几辈子好事才让我遇上你这么个好人啊，这些钱本来是我留着养老的，有你这么个好女婿我也就放心了。"

总之，在生活中用你的甜言蜜语讨岳父、岳母的欢心，以你的实际行动为他们排忧解难，让岳父、岳母疼爱自己女儿的同时，更喜欢你这个会说话的女婿。

09 | 不要伤了孩子的自尊

父母与孩子的关系虽然亲密，但对孩子说话也不能随随便便。因为，孩子与父母在年龄、阅历、心理等方面存在着很大的差异，如不注意这一点，对孩子说了不该说的话，势必不利于孩子的健康成长。父母是孩子的第一任老师，父母的言行时时刻刻都在潜移默化地影响着孩子。因此，父母在与孩子交谈时要注意自己的措辞。

父母对孩子说话时要有所忌讳，概括起来，主要有以下几点：

1. 忌说损伤话

有些性格急躁的父母，恨铁不成钢，动辄损孩子。什么"你这个笨蛋""一点出息也没有""活着干什么，还不如死了"

等，孩子耳濡目染，身心定会受到创伤。

"你怎么不像你姐姐？她门门功课都拿满分！"这样的话语，无疑会对孩子的自尊心造成一定的伤害。而许多家长却并没有意识到自己给孩子造成不安的情绪。"是啊，为什么我不能像她一样？父母不喜欢我了。"他的反应往往是：第一，觉得遭到了贬低，一无是处甚至没有希望；第二，摆脱人见人爱的姐姐；第三，为没人喜欢自己而愤愤不平。

这时，更为恰当的表达是："我知道你担心你的成绩不如姐姐好。我要你记住：你俩各有所长。你动手能力就比姐姐强啊，你们各有惹人疼爱的优点。"

2. 忌说吓唬孩子的话

"如果你不立刻跟我走，我就把你一个人扔在这里！"这种争执往往发生在公共场所，这样的话不但不利于孩子的心理健康，而且你一旦失去控制，孩子就赢了。较有效的方法是：当他太出格时，你把他抱起来。这样，他就会明白你不允许他在公共场所胡闹了。

3. 忌说命令话

有些父母在孩子面前耍威风，没有一点民主气氛。有的家长一味限制孩子，什么也不准。说话就是下禁令。例如："放学后不许与同学玩，不许到同学家里去，不许把同学带到家里。""你每天除了学习,别的什么也不许干。"这种生活在命令中的孩子就会慢慢地变得迟钝,没有创造力。

4. 忌说气话

有些缺乏修养的父母,稍不顺心就拿孩子撒气。在家没好脸,说话没好气。孩子不敢接近,又躲避不了。如:"去去去,滚一边去。""不要说话,给我装哑巴。"有时孩子问点事情,也会没好气地说:"不知道,别问我。""老问啥,没完没了的……"这些使孩子感到受冷落的气话,是父母应该忌讳的。

5. 忌说侮辱话

有些不理解孩子心理的父母,当发现孩子有什么"不端",则认为大逆不道,不是冷静地弄清楚情况,而是凭主观臆断,说什么"你不要脸""小流氓"……

有的稍文雅的父母也有旁敲侧击、指桑骂槐的现象,弄得孩子反驳也不是,解释也不是,只好委屈地忍受着。

有伤孩子自尊的话,也是父母与孩子交往时应该忌讳的。

6. 忌说埋怨话

当孩子犯错误之后,他会感到很无助。"我怎么会这样?我真傻。"他后悔当初没听从父母的话。就在这时,妈妈说:"我早就跟你说过会这样。"转眼间,孩子的无助变成了自卫。

出于反抗母亲轻蔑的语气，出于摆脱自视蠢笨的自卑，他开始辩解。要么在绝望中屈服，要么在愤怒中反叛，而这两样都不利于孩子的成长。

较好的表达方法是，妈妈说："你试过自己的方法了，可没成功，对吗？真为你难过。我也是这么过来的。"

7. 忌说欺骗话

我们经常会听到一些父母这样对孩子说："听妈妈的话，明天给你做好吃的、买漂亮衣服。""好好念书，考好给你钱。"

这些话不落实，久而久之，孩子就再也不信了。这种话比没说的后果还坏。

8. 忌说宠爱话

有些不清醒的父母，溺爱子女，说"你是妈妈的心肝儿""命根子""眼珠子"。有时孩子耍泼，要什么给什么，"好，妈这就给你买。"有的孩子甚至骂父母、打父母。对这样的孩子说宠爱的话容易助长孩子许多坏毛病，应该避免。